W0049446

# ...wenn's bloß so oifach wär!

**Neues vom Saitenwurscht-Äquator**

# Impressum

Texte und Ideen:     Wilfried Albeck

Bearbeitung
und Satz:     Sonja Albeck

Illustrationen:     Michael Gref

Erschienen im:     Verlag Albeck
74223 Flein

Druck:     Druckerei & Verlag Steinmeier
86738 Deiningen

© 2020 Verlag Albeck
Kirchgasse 14, 74223 Flein
albeck@saitenwurscht.de
www.saitenwurscht.de

ISBN 978-3-9815963-5-9

# Inhaltsverzeichnis                    Seite

# Sind 25 Mundartbücher schon genug?

*„Ja, jetzt saga Sie bloß – hat Ihr'n Mo scho wieder a neies Buch gschrieba?"*

„Ach, i kann doch au nix macha! Er hört halt oifach net drmit uff!"

\*

Nun, liebe Leserin und lieber Leser, was soll ich als Autor jetzt darauf bloß antworten? Wenn man schon über so viele Jahre schreibend unterwegs ist, dann kommt einem das Aufhören doch gar nicht in den Sinn! Ja hoffentlich nicht!

Mit offenen Augen und Ohren durchs Leben zu gehen, sich immer wieder Gedanken über Gott und die Welt, vor allem aber über seine Mitmenschen und all die Widersprüche und Verrücktheiten zu machen – das bereitet mir als Autor auch im 25. Buch immer noch großen Genuss. Die frechen Finger in unübersehbar offene Wunden zu legen, das darf man als Schreiberling zudem meist noch ziemlich ungestraft, da ja Humor und Satire glücklicherweise noch etwas Narrenfreiheit genießen.
Also Grund genug, nach den versteckten Pointen des Lebens zu forschen, besonders dann, wenn diese schon so offensichtlich sind, dass man sie bereits als Normalität akzeptiert hat. Dabei über sich selbst lachen zu können, zu erkennen, was man doch innendrin für ein „Dackel" ist, ohne es

bemerkt zu haben – das ist wirklicher Grund zur ehrlichen Freude.

In allen Texten aber niemanden zu scharf anzugehen (also meistens), niemanden auszugrenzen (also fast nie), immer auch versöhnliche Töne anzuschlagen (man muss diese dann nur hören wollen) und dabei noch diese besonderen Schwingungen des schwäbischen *way of life*, also dieser ganz speziellen hiesigen Gefühlswelt zu treffen – das ist Herausforderung, Ansporn und zugleich spannende Triebfeder für jedes neu entstehende Buch.

Okay, das waren jetzt große Worte für kleine Texte. Entscheiden Sie einfach selbst – und ich als Autor, zusammen mit meiner Frau als erste, dauerhafte und leider auch kritischste Lektorin, bin mir ziemlich sicher, dass Sie sich zwischen den Zeilen wiederfinden werden. Wir sind eben alle nur ganz normale, zugegeben schwäbisch-eigenwillig geprägte Menschen, mit unseren demzufolge auch kleineren und größeren Schwachstellen…

Nun wollen wir darauf hoffen, dass Sie in diesen unruhigen Zeiten Ihren Humor nicht verloren haben. Wie die Wissenschaft schon längst bewiesen hat ist Lachen ja gesund – in manchen Fällen sogar die beste Medizin und wenn wir unseren kleinen Teil dazu beitragen können, dann soll's recht sein. Also deshalb wieder gute Unterhaltung!

*Ihre*
*Sonja & Wilfried Albeck*

# Bitte wenden!

*(Es gibt im Leba wirklich net immer Grund zum La-*
*cha. Doch über manches, was in dr Welt aus'm Ru-*
*der läuft, könnt mr fascht ins Heula komma...)*

*

*„Bitte wenden!"* Also wenn mr diese zwei Wörtla
hört, dann schperrt mr schnell Auga und Ohra uff.
Dann weiß mr sofort, dass mr die falsch Richtung
eigschlaga hat. Doch um sotte Umweg überhaupt
erscht zu vermeida, isch ja au in unsre moderne
Auto so a Navigations-Apparätle eibaut worda, des
immer genau weiß, wann's Zeit zum Umkehra wär!

Okay, beim Autofahrn wird's oim heitzudag au viel
oifacher gmacht wie früher und so a oberschlau-
es Käschtle ghört manchsmol scho zur Grundaus-
schtattung. Meischtens lässt sich mit dem Ding au
jedes Ziel bis uff a paar Meter genau finda! Also,
wenn mr vor lauter überfüllte Schtrooßa überhaupt
no vorwärts kommt!

Aber wie hilfreich wär's doch, wenn mr selber so
a Navi in sich drin hätt. Also so'n ganz persönlicha
Richtungsgeber, so a klois Wegzeigerle, des oim,
wenn's nötich wär, au mol in Hintern dabba könnt.
Weil's alleweil ziemlich an dr menschlicha Intelli-
genz fehlt, wärn doch so innwändich eigebaute Au-
tomätla koi schlechte Lösung! Selbscht, wer bloß
drhoim uff seim Sofa hockt kriagt mit, dass vieles
um oin rum komplett aus dr Schpur saut. Bloß ver-
schließt mr gern seine Glotzböbbel und will der Mi-

sere gar net ins Aug blicka! Am Alta, Bekannta und Gwohnta feschtzuhalta isch halt au viel oifacher, als sich neie Herausforderunga zu schtella. Es bressiert jo net, die ondre solla's richta und oim selber wird's hoffentlich no nauslanga! Wenn's dann drum geht, dass mr selber dr Bobbes mol lupfa sott, no komma oim schnell sämtliche Ausflüchte in Sinn, mr drückt uff'd Migge, hockt sich ins Bremserhäusle und schtellt uff schtur. Als oinzigschte Reaktion belegt mr vielleicht in dr Volkshochschual den Kurs „Aussitza als neie Bewegungstherapie".

Unserm so arg geliebta Kraftfahrzeig hat sich ja in de letschte Johrzehnte alles unterordna müassa. D'Bahngleis hat mr rausgrissa, dr öffentliche Nahverkehr ausdünnt, alle Betrieb und Gschäfte schö weit an'd Ortsränder verschoba. S'Auto hätt's richta solla – je meh und je größer, desto besser! Individualverkehr war des Zauberwort und alle hent mir brav mitgmacht, so lang, bis vor lauter verschtopfte Schtrooßa schier koi Fortkomma meh meglich war. Schnell hat mr uff bereits zu enge Fahrbohna no a Schpur für'd Radfahrer drzuapinselt und scho war's wieder guat. Subberschlau, koscht net viel und bringt net viel. Aber mr hat Tatkraft bewiesa, sei Soll erfüllt und alles kann so wunderbar weiterlaufa wie bisher – doch koi bissle Umlenka in Sicht!

Seit über dreißich Johr weiß mr, dass ringsrum alles veraltet, baufällig und nimme belaschtbar isch. Seit über dreißich Johr wird oim regelmäßich des Blaue vom Himmel runter verschprocha und dann schiabt mr des Elend weiter uff dr nägschte Wahldag. Erscht, wenn a Schualgebäude oder a Brück am Zammabrecha isch, dann wird reagiert. Dann hat mr Tatkraft bewiesa, sei Soll erfüllt und alles kann so weiterlaufa wie bisher! So isch's eba viel oifacher. Doch s'ewige Aussitza hat au sei Guats. Des gibt breite Hinterteil und sichere Pöschtla – aber nebaher verliert mr d'Zukunft aus'm Blick!

Die allermeischte Lebewesa, wo ausschterba, hat no nie koi Mensch vorher überhaupt entdeckt. Doch wenn's letschte Schpitzmaulnashörnle verschwunda isch, dann isch's Gschrei groß. Ja bloß die Tierla, wo mr als Kind aus dr „Wilhelma" kennt, hat mr au wirklich ins Herz gschlossa! Dass's weltweit immer weniger Arta gibt, nimmt mr als Naturgesetz oifach so hin und schpendet desweg vor Weihnachta a paar Euro für dr Eisbär. Dann hat mr sein Beitrag gleischtet und derf sich sei billiges, turbogmäschtetes Gänsle au ordentlich schmecka lassa. Ohne schlechtes Gwissa, denn mr hat ja Tatkraft bewiesa, sei Soll erfüllt und alles kann so weiterlaufa wie bisher – aber leider isch nirgends koi Hirn in Sicht!

Klimawandel isch nix Neies, des hat's scho immer geba! Des Guate drbei isch, dass mr immer weniger heiza muass. Dass aber in dr Südsee bald koi Mensch meh leba kann, noddelt oin net, denn selber könnt mr sich diese schöne Insla au net uff Dauer leischta. Doch die Weltwirtschaft hat die Zeicha der Zeit erkannt. Bevor jetzt dr Pegel zu arg schteigt, wird dr Rescht an Bodaschätz no schnell aus'm Blanet grissa. Vom Kreizfahrtschiffle aus kannsch de Gletscher beim Schmelza zuagugga, deinem neia elektrisch-fahrenda Riesabolla wird a grüanes Bebberle verpasst und du schüttsch dir jeden Dag einen voll-vegana Bio-Smuuthi hinter'd Binde und alles isch wieder guat. Mr hat Tatkraft bewiesa, sei Soll erfüllt und alles kann so weiterlaufa wie bisher – und die weltweite Verwandlung hat mr deitlich vor Auga, bloß noddelt's oin net wirklich.

*

Ob heit bei der allgemeina Weltuntergangsschtimmung no irgendebber dr Durchblick hat, weiß i net. Ob irgendebber genau die nötige Antworta und Lösunga hat, weiß i au net. Bloß, wenn mir alle so denka und jeder moint, dass mr alles so laufa lassa könnt und sich nix ändern müasst – ja dann guat Nacht! Sich mol ganz bewusst Gedanka über dr tiefre Sinn des Lebens zu macha, des wär vielleicht ein Ofang. Und dass jedem Ofang ein Zauber innewohna däd, hat mr doch au scho mol irgendwo ghört. Wo unser Aschtro-Alex vor gar net langer Zeit von dr Raumschtazion aus uff'd Erde guggt hat und mir die Bilder von unsrer verdurschtenda Welt gseh hent – ja, do hätt's uns alle mit ma eiskalta Schauer durchlaufa solla. So verletzlich, so ubedeutend, so winzich und so vergänglich – so sind mir, so isch unser ganzer Blanet, so isch die ganze Schöpfung. Gell, und dann braucht's bloß so an kloina Virus, der uns uff oin Schlag zeigt, wie phäb alles gnäht isch.

Eigentlich sott mr sich nimme in Weg schtella, sondern sich besser uffmacha und neie Weg suacha. Und doch moint jedes kloine Erdabürgerle von sich, dass grad er dr Wichtigschte wär, bleibt schtur und macht so weiter wie bisher – und knibbst zur Sicherheit no schnell a Selfie mit dr Greta…

# uverschämt

Also, do reg i mi dann scho uff! Jetzt hab i doch des Formular ganz gwissahaft, ganz korrekt und in sauberschter Druckschrift ausgfüllt und dene gschrieba, dass i in meine oigene vier Wänd

1. dr ganze Dag nix dua

2. net butz, net wäsch und net koch

3. scho seit ewige Zeita nimme frisch tapeziert oder gschtricha hab

4. dass i net oin Fatz schaff und dr liabe Gott an guata Mo sei lass

5. dass i dr ganze Dag vor'm Kaschta hock und dr Schessloh mei beschter Freind isch

Und jetzt schreibt mir doch s'Finanzamt zrück, sie däda mein Otrag uff Schteuererleichterung wega irgendwelche Paragrapha net gelta lassa wella. Ha diese elende Halsabschneider! Die hent's doch von mir schwarz uff weiß, dass i Eigatümer von ma Passiv-Haus bin...

\* \* \*

*„...mit'm Butza isch's wie mit'm Autofahra –*
*wenn mr z'schnell isch – isch glei dr Lappa weg..."*

# Neulich in der Apotheke

*(Ein älterer Mann hat jede Menge Fragen…)*

*„Sie, Herr Apotheker, derf i Sie mol froga, ob Sie so a Tüblesbebbe hent, wo mr sei Dritte mit feschtmacha kann?"*

**„Haftcreme? Ja selbschtverschtändlich!"**

*„Und hent Sie au ebbes gega Hornhaut, wissa se, an de Füaß? Au ebbes gega Nagelpilz?"*

**„Aber sicher doch, Sie sind hier bei mir in ra alteigsessena Apothek. Mir führa alles!"**

*„So a Rheuma-Pflaschter könnt mr au kriaga?"*

**„Ja – au Rheumamittel hätta mir do!"**

*„Gell, i trau mi gar net froga, aber hätta Sie au so Windla, also sotte für große Leut?"*

**„Natürlich! Inkontinenz ist für viele Seniora ebbes ganz Normales. Und bei ra älter werdenda Gsellschaft isch des scho längscht koi Tabuthema meh!"**

*„Gell, Herztröpfla könnt i au braucha und ebbes gega Hämorridda. Antifaltacreme vielleicht au!"*

**„Ja guater Mo! Des kriaga Sie alles bei mir! Sie sind jo hier net in ma Subbermarkt, sondern in ra echta Apothek mit Fachkompetenz!"**

„Ja, Sie hent jo recht! Aber, ähm, jetzt werd i ganz verlega, wenn i Sie no ebbes froga wöllt..."

**„Nur zu, froga se ruhich! Sie braucha wirklich koine Hemmunga haba!"**

„Also guat, no frog i halt: Hent Sie au so kloine blaue Tablettla, wissa se, also sotte, wo's dann hinterher wieder mol meglich wär – Sie wissa scho, was i moin!"

**„Ja, auch so ein Medikament können Sie hier bekommen! Als Apotheker schteh ich Ihne in alle Lebenslaga hilfreich zur Seite!"**

(Der Mann bedankt sich für die Auskünfte und will das Geschäft wieder verlassen, doch da springt der Apotheker schnell hinter seiner Theke hervor und stellt ihn zu Rede...)

**„Also wirklich, Sie komma do rei, froga mi dutzendweis Löcher in dr Bauch – und no wella se gar nix kaufa!"**

„Guat, i glaub, i sott Ihne ebbes erklära. Wissa se, i wohn hier in dr Senioraresidenz und hab do ebbern kennaglernt, a wirklich nette Achtzichjährige. Gell und in vier Wocha wella mir heirata!"

**„Ja, mein Glückwunsch! Aber was um Gottes willa suacha Sie dann bei mir in dr Apothek?"**

„Mir hent halt beschlossa, dass mir bei Ihne dr Hochzeitstisch eirichta wella..."

# nicht unendlich

Wer „hundert" wird isch selber schuld,
der braucht drzua net bloß Geduld
und boggelharta Willa,
noi, neba Kraft und Lebensmuat
braucht's frischa Geischt und gsundes Bluat
und schachtelweise Pilla.

Mr braucht au no a guates Herz
und viel Vertraua himmelwärts,
au wenn es knirscht und zwickt,
wenn jeder Wirbel müad und schteif,
vom Gfühl her längschtens abbruchreif,
verbraucht und eigeknickt.

Au von dr graua Hirnsubschtanz
isch nimme alles heil und ganz,
s'zeigt sich so manche Lücke.
Des isch halt mol dr Lauf dr Welt,
dass langsam alles zammafällt –
in jedem Ding schteckt Tücke!

A jeder wünscht sich meglichscht alt
zu werda (unter Vorbehalt)
und „hundert" isch des Ziel.
Doch alt sei will mr leider net,
will jung sei, schportlich und adrett,

bloß wella – will mr viel…

# Rohrkrepierer

*Über einen guat geregelta Ablauf in ra deitscha Verwaltung sott mr eigentlich net schimpfa dürfa. Vom Prinzip her hent ja die ganze Gesetze, die haufa Vorschrifta und die viele Paragrapha, die mr sich irgendwann mol ausdenkt hat, beschtimmt an tiefera Sinn und von doher wird wohl s'allermeischte scho immer sei Richtichkeit haba.*

*Doch wenn's ausgrechnet mol an so ra Kloinichkeit, wie an ma verschtopfta Ablauf klemmt, no kann dr Amtsschimmel net bloß ins Wiehern, sondern obadrei kräftich ins Schlenkern komma.*

*Um jetzt hier aber niemand z'arg uff dr amtliche Schlips dappa zu wella, hab i als Austragungsort für des nun folgende Drama, des natürlich net wirklich exischtierende Örtle „Unterröhrlesbach" gwählt. So kann mir au koiner hinterher blöd komma wella! Doch s'hätt sich aber au genauso guat bei Ihne dr-hoim, also in Ihrem heimischa Rathaus zuatraga könna – meglich wär's...*

**Montagmorga, 8.31 Uhr:** Des sehr gewissahafte Freilein Hämmerle, Azubine in Bereich mittlerer Verwaltung, bemerkt zu ihrem Schrecka, dass uff dr Damatoilett s'Wasser nimme ablaufa will. Zur Sicherheit guggt se schnell an dr Tür von besagtem Örtle nooch, net dass do ein Warnhinweis hängen däd, den se womeglich net beachtet hätt. Weil dort aber nix hängt und weil se weiß, dass dr Hausmeischter grad im Urlaub isch, schreibt se schnell per interner Rathausmail unter dem Aktazeicha *„Damen/Scheißhäusle/verschtopft"* a kloine Notiz an dr vorgsetzte Beamte, Besoldungsgruppe A8, weller gleichzeitich au ihr'n Schreibtisch-Geganüber isch. Eigentlich hätt se's ja dem Herrn Schneider schneller und au direkt persönlich saga könna, aber no wär's eba net vorschriftsmäßich gwä. Desweg und weil se als Azubine scho am allererschta Dag eitrichtert kriagt hat, dass nur des, was mr schwarz uff weiß hat, au einen Wert hätt, isch se von doher liaber uff Nummer sicher ganga und hat's schriftlich per Mail erledigt.

**Dienschdagnachmittag, 14.12 Uhr:** Noch bevor jetzt dr ogschriebene Herr Schneider in diese Mail guggt hat, dappt seller, unter dem dringenda Vorhaba dr persönlicha Erleichterung, feuchten Schrittes mitta in die aus'm Damenklo quellende Sauerei. Durch lange und harte Jahre der Behördapraxis geschult, erkennt'r sofort die Tragweite der Überschwemmung und erteilt augablicklich und ubürokratisch per Telefon dr Reparaturufftrag an dr örtlich osässige Handwerksmeischter. Au als kloiner, ganz normaler Beamter, wenn au bloß im mittlera Dienscht, isch ihm bewusst, dass mr immer Schada vermeida und des Wohl vom Gemeindesäckel im Aug haba muass. Also grad nomol guat ganga!

**Mittwochmorga, 9.16 Uhr:** Nur ma Zufall isch es zum verdanka, dass Karlheinz Nägele, Oberamtsrat, A13, beim Eitreffa des Handwerkers zugega gwä isch. Ja, was hätt des sonscht au für'n Skandal geba könna! Net bloß, dass jetzt dieser, no net mol schriftlich bschtellte Flaschnermeischter, dr Schwo-

ger vom Amtsrat Schneider war. Noi, bei so ra gro-
ßa Reparatur mit Folgekoschta in ugewisser Höhe,
muass nach aktueller Rechtschprechung a jeder
Ufftrag europaweit ausgschrieba werda! Also grad
nomol guat ganga!

Dem verschwägerta Flaschner isch sofort mündlich
und hinterdrei per amtlicher Poscht a schtriktes Re-
paratur- und Hausverbot erteilt worda. Zusätzlich
isch dr Zuagang zum mittlerweile komplett über-
schwemmta weiblicha Ortsverwaltungsscheißhäusle
mit ma rotweißa Abschperrbändle unterbunda wor-
da. Nebabei isch gega dr Amtsrat Schneider beim
Landratsamt au glei a Ozeig wega Verdacht uff
Amtsmissbrauch und Verwandtschaftsfilzerei er-
schtattet worda.

Des Freilein Hämmerle hat no schnell und ebafalls
per Mail dr Ufftrag kriagt, an dr Tür vom Damaklo a
Schild hinzubebba, mit dem Hinweis, dass ab sofort
alle Fraua uff dr Männerklo hocka solla und die
Männer bis uff weiteres im Freia, vor oder hinter dr
blickdichta Liguschterhecka, ihr Gschäft macha
könna.

**Donnerschdagnachmittag, um 15.31 Uhr:** Dr äu-
ßerscht sensible Personalrat erkennt sofort nach dr
Mittagspaus anhand von sieba uffgebrachte Be-
schwerdemails, dass sich ab sofort dr männliche
Beamtaapparat weigert, sei Sach – und vor allem
des Größere, weiterhin vor oder au hinter'm Li-
guschter zu verrichta. Zudem sei dr Bereich an dr
Hecke scho vom erschta Schtock her koinesfalls
undurchsichtig, sondern guat eisehbar und mr däd

sich dem Oblick blankzogener Körperteile net aussetza wella.

Nach dieser durchaus bildhafta Information hat Oberamtsrat Nägele, ohne die sonscht bei ihm übliche Verzögerung, entschieda, die heftige Notlage schnellschtens mittels zwei Diggsi-Häusla zu entschpanna. Also grad nomol guat ganga!

Allerdings und des hätt jetzt einem A13er niemols net bassiera dürfa, hat'r leider in aller Hektik vergessa, dass au dieser Ufftrag, weil eba koschtamäßich koi bissle abgsichert, wiederum europaweit ausgschrieba hätt werda müassa. Obadrei isch die ubeheizte Diggsi-Variante vom Personalrat sofort moniert worda, da, au wenn jetzt im Auguscht bschtellt, s'scho bald uff Herbscht zuageh däd und mr sich somit schnell untarum ebbes verkühla könnt.

**Freidagmorga, 10.31 Uhr:** Der au in zweiter Amtsperiode grad so wenich schaffende Bürgermeischter Kümmerle, A16, erhält durch interne Buschtrommeln Kenntnis von uglaubliche Vorgäng in seinra Verwaltung und erklärt diesen drückenda Sachverhalt jetzt zur Chefsache. In Folge dessa hat dr übereifrige Oberamtsrat jetzt au selber a Disziplinarverfahra zu erwarta.

Dr Diggsi-Lieferant kann kurz vor halber zwölfe grad no am Ablada von de Häusla ghindert werda, allerdings nur unter Protescht und gega Unterschrift, weil ja bereits Fahrt- und Personalkoschta uffgelaufa waret. Im Gegazug hat aber des Freilein Hämmerle noch vor'm Wochaend einen Dienscht-

und Benutzungsplan für des noch intakte Männerklo ausarbeita dürfa, mit dem Zusatzufftrag, immer zu wechselnde Benützungszeita ein Fraua- oder Männersymbol (jeweils in sitzender Position) an die Klotür zu hänga – und die Beachtung dieser Sitzhaltungs-Dienschtoweisung au mehrmals täglich zu kontrolliera.

Wega ma ganz plötzlich uffgetretena Liguschterheckentriebschterbens entscheidet dr Rathauschef schpontan, des komplette Gschträuch schnellschtens entferna zu lassa. Zudem wird a wintertauglicher Toilettacontainer mit entschprechendem Formular vorschriftsmäßig und somit uofechtbar ebafalls europaweit ausgschrieba. Gleichzeitig und mit ähnlich hohem bürokratischa Uffwand hat'r au glei die Reparatur und Sanierung des Sanitärbereichs in Ufftrag geba (natürlich au länderübergreifend!).

Von alle aber ubemerkt isch dr siebzehnjährige Fabian Knöpfle, grad seit zwei Wocha Praktikant im Bereich untere Verwaltung, in dr Mittagspaus hoimgradelt und hat aus'm Werkzeigschränkle von seim Vadder a kloine Rohrreinigungsschpirale mitbracht. Ugfrogt hat'r do drmit nach Feierobend gschwind die Verschtopfung uff'm Damaklo beseitigt. Ganz oifach und ganz ukompliziert.

Weil aber die bereits erteilte Uffträg in dr enga Zeitschpanne so kurz vor'm Wochaend wega zu viel Schreiberei und strikter Vermeidung von Überschtunda nimme zu schtorniera gwä sind, isch Ende Januar mittels Schwertransport a hochmoderner und wintertauglicher Toilettacontainer aus Tallinn

(Estland) eigetroffa – fascht zeitgleich mit dem natürlich amtlich zuaglassena Arbeitstrupp dr Firma „Vontaneros" aus Valencia.

Ach so, ganz beiläufich sott mr an dieser Schtelle vielleicht no erwähna dürfa, dass jetzt seit Mitte Februar dr komplette Verwaltungsapparat des Unterröhrlesbacher Rathauses von Seita des Landratsamts unter Uffsicht schteht. Obadrei läuft seit'm letschta September scho a ordentlichs Verfahra der Naturschutzbehörde wega uerlaubter Entfernung einer vollbelaubta Liguschterhecka und drin hockender Vogelneschtla der geschützten Schpezies des gemeinen Gartarotschwänzles.

Bevor mr jedoch gega den vorlauta Praktikant a Disziplinarverfahra wega beischpielloser Eigainitiative eileita hätt könna, isch dieser vom hiesiga Flaschnereifachbetrieb, weit über Tarif, als Lehrling abgworba worda...

\* \* \*

*„Nichts macht das Leben so kompliziert*
*als der Versuch, es zu vereinfachen."*

(Woody Allen, \*1952)

# abendlicher Klartext

*(Er – sitzt Zeitung lesend am Tisch und möchte am liebsten seine Ruhe. Sie – kommt eben aus der Stadt und hat sich schnell umgezogen, um ihrem Mann voller Stolz den gerade gekauften Badeanzug vorzuführen...)*

\*

Sie: „Du, sag mol, findesch du mi eigentlich noch attraktiv?"

**Er:** (blickt nicht auf und liest ungestört weiter) **„Alles eiwandfrei!"**

Sie „Weisch, i moin so vom Äußera her. I hab mi doch net schlecht ghalta, oder?"

**Er: „Ja, mr kann's lassa."**

Sie: „Was soll denn des heißa? Ja sag bloß, dir gfällt ebbes nimme an mir!"

**Er: „Alles! Äh, i moin nix!"**

Sie: „Was isch los? Nix gfällt dr meh an mir?"

**Er: „Noi! Also i moin doch, will saga, dass i nix auszusetza hab!"**

Sie: „Ach, wirklich net? Gar nix? Isch des au ehrlich wohr? Gell, derfsch's ehrlich saga!"

**Er:** „So? Also wenn i's wirklich ehrlich saga soll, dann fällt mir scho ebbes … (blickt auf) Ja sag amol, wie läufsch denn du rum? Dr Sommer isch doch scho lang vorbei!"

**Sie:** „Gell, do glotzsch! I hab mir aus dr Schtadt a neies Badozügle mitgnomma."

**Er:** „Ja aber du hasch doch scho drei!"

**Sie:** „Die sind doch alle längscht aus dr Mode! Soll i vielleicht mit ma verschlissena altbackena Gruscht rumlaufa?"

**Er:** „Des isch doch unter Wasser grad egal! Do drfür muass mr doch koi Geld ausgeba!"

**Sie:** „So? Dei Frau isch dir also koi neies Badozügle wert? Selber rennsch doch jede Woch in Baumarkt und kaufsch dir oi Werkzeig nach'm ondra und mir willsch nix gönna?"

**Er:** „Also bitte! Mei Werkzeig isch doch zehnmol sinnvoller als wie so Badeklamotta!"

**Sie:** „Aha? I kauf also unötichs Zeigs?"

**Er:** „Noi, so hab i des net gmoint! I will drmit doch bloß saga, dass a viertes Badeglump halt a bissle übertrieba isch. Gugg mol, mei Mutter, gell, die hat ihr Lebdag bloß oin Badozug ghett und hat trotzdem ganz guat schwimma könna!"

Sie: „Genau, dei Mutter! Des hat natürlich komma müassa! Die Frau mit dem Heiligaschei! Jetzt fehlt grad no, dass deine ach so wunderbare Mutter au scho immer dr bessere Kartoffelsalat gmacht hat."

**Er: „Ja schtimmt's vielleicht net?"**

Sie: „Ha dann pack doch dei Koffer und ziag wieder bei deinra Mutter ei. Die soll dir Kartoffelsalat macha, schüsselweis, solang bis di's verreißt!"

**Er: „Was hat denn des jetzt mit deim Badozug zum do? Mei Mutter isch a guate Hausfrau, do gibt's gar nix!"**

Sie: „So? Dei Mutter isch also a guate Hausfrau und i? I kann net kocha?" (fängt an zu blärren)

**Er: „Ach, des hab i do drmit doch gar net saga wella! I moin doch bloß, dass du..."**

Sie: „Ohh! Wie viele Verehrer hab i domols net ghett. Dr Seyfferles Wilhelm, s'Schmalzrieda Berthold, dr Guschtavle und... ach ja, i könnt grad so weitermacha und ausgrechnet an di hab i nodabba müasssa!"

**Er: „Aha, bin i dir also nimme guat gnuag? So viele lange Johr sind mir jetzt verheiratet, hent mitnonder Kinder großzoga, a Häusle baut, hent's so weit bracht und jetzt bus-**

siersch du am End immer no mit deine Jugendfreind?"

Sie: „Aber noi! Des hab i doch gar net so gmoint!"

Er: „Gell und grad dein Guschtavle, dieser alte Schpitz, ha der schwänzelt doch heit no um di rum. Dem trau i net oin Meter über dr Weg!"

Sie: „Jetzt aber! Mit dem, also grad mit dem isch no nie ebbes gwä."

Er: „Und mit wem dann? Komm, lass raus! Des däd mi koi bissle wundern, wenn mr alledritt an neia Badozug braucht!"

Sie: (blärrt wieder) „Oh, es isch so schlimm! Immer bin i dir treu gwä, mei ganzes Leba lang. Nie hab i koin ondra oguggt, no net mol, wenn i gwellt hätt!"

Er: „Ja, wega mir! Aber guat jetzt! Manchsmol regsch mi halt uff und do rutscht oim ebbes raus, wo mr gar net so gmoint hat."

Sie: (blärrt noch ein bissle und probiert's dann etwas versöhnlicher)
„Ach, dass mir uns wega so ra kloina Lappalie au schtreita müassa. Gell, du hasch des doch beschtimmt gar net so bös gmoint? Weisch, wo du doch mei Schätzle bisch!"

**Er:** „Ach, du hasch ja recht! Du bisch doch au mei Schätzle – mei goldichs Hasabobbele!"

**Sie:** „So a blödes Badozügle isch's doch au gar net wert, dass mir zwei uns in'd Wolle kriaga! Soll i dir was saga? Glei morga bring i des Ding wieder zrück!"

**Er:** „Ach Quatsch! Derfsch'n ruhich bhalta, des macht mir doch gar nix aus, au wenn scho drei hasch!"

**Sie:** „Wirklich? Ach du bisch halt ein Liaber!"

**Er:** „Und du au!" (will wieder Zeitung lesen)

**Sie:** „Ja, mei Brummbärle und i hab dir au a kloine Freid macha wella und dir aus dr Schtadt a schönes, extra warmes Unterhösle mitbracht. Weisch, damit's dich untarum net so friert! Gell und damit i au net ganz naggich rumlaufa muass, hab i für mi no a neies Pärle Schuah, a Übergangskoschtümle, a passendes Perlakettle, drei Blüsla, an Büschtahalter, a Jeanshösle, zwei Pullöverla, a Sommerhütle ... und ... und ... und..."

**Er:** „Was hasch du? Wieder mol guggaweis unötichs Zeigs hoimgschleift und s'teure Geld ausgeba? I glaub, i dreh durch! Geb mir sofort die Nummer vom Guschtav! Der soll uff dr Schtell komma und dich abhola – mitsamt deim Kleiderschrank! Und mei Werkzeig kriagt'r umsonscht mit drzua!!"

# hitzige Unterhaltung

„Du, also i weiß gar net! Egal, weles Fernsehprogramm i mir ogugg oder welle Zeitung i les, überall geht's bloß no ums Klima. Gell, alleweil macha se oim richtich Angscht!"

*„Ja, im Prinzip hasch du recht! Aber es isch halt au wichtich, dass jeder ebbes drfür duad!"*

„Solla mir dann doch unser Häusle isoliera lassa? Däd mr dann a bissle weniger Heizöl braucha?"

*„Ja, im Prinzip hasch du recht! Doch bis dann endlich dr Handwerker kommt, isch's Heizöl längscht verbota – und's Gas drzua!"*

„Und wenn mr's Häusle ganz dick mit Schtyropor eipacka, dass mr hinterher gar koi Heizung meh braucha däd?"

*„Ja, im Prinzip hasch du recht! Bloß dädsch du dann so viel Öl braucha, um überhaupt erscht mol des ganze Isolierzeigs herzuschtella – und ewich hebt des jo au net! No kannsch nach dreißich Johr wieder von vorne ofanga! Und wenn mr's däd, no dädsch womeglich in deim überhitzta Brutkaschta bald verschticka. Okay, no bräucht mr au nimme heiza."*

„Solla mir dann besser uff Holzscheitla oder Pellets umschtella? Dann wär'n mr doch a bissle ökologischer unterwegs und mir hätta au a richtich schönes Feuerle, wo mr a bissle durchs Ofafenschterle zuagugga könnt."

*„Ja, im Prinzip hasch du recht! Bloß, wenn des alle macha wella, dann gäb's bald koine Wälder meh! Sogar ohne Hitzewella wära die platt. Und obadrei dädsch wieder verschticka, wenn dir dr Feinschtaub aus alle Röhrla qualmt!"*

„Und was isch mit Schtrom aus Wind und Sonne? Des soll doch die Lösung sei."

*„Ja, im Prinzip hasch du recht! Aber was machsch, wenn nachts koin Wind bloost?"*

„Also ehrlich, mit was i au komm, immer weisch du ebbes drgega!"

*„Ja, im Prinzip hasch du recht! In allem isch irgendwie dr Wurm drin. Koiner will a Windrad vor dr oigena Haustür haba und wenn mr uff alle Äckerla bloß no Solardinger sieht, regt sich au jeder uff. Gell, und no meh Schtromleitunga will sowieso koi Mensch! S'dreht sich halt alles im Kreis."*

„Also könna mir jetzt gar nix macha? Au net, wenn mir wella?"

*„Ja, im Prinzip hasch du recht! Mir zwei könna alloi sowieso nix ausrichta. Mr müasst praktisch dr Eskimo und dr Afrikaner gleichzeitich unter oin Huat bringa – also ökologisch in oi Bootle hocka. Verschtehsch?"*

„Und wenn mir dr Ofang macha? Mir dreha unsre Heizkörper uff froschtfrei und schlupfa in warme Unterwäsch, dreilagig wenn's sei muass. Unsre alte Manchesterhosa hab i au uffghoba!"

*„Ja, im Prinzip hasch du recht! Drzua no selber gschtrickte Wollsocka, an dicka Schal und a warme Zipfelkapp. Obadrei nimme warm duscha, des geht sowieso schneller und schpart Wasser. Bloß no vegetarische Körner veschpern und als Krönung mit'm Fahrrädle vegan ins Gschäft reita."*

„Und des moinsch du jetzt alles ernscht?"

*„Noi, im Prinzip natürlich net! Aber du gibsch ja koi Ruah und löchersch mi in oi Loch nei!"*

„Und was solla mir jetzt macha?"

*„Weisch, eigentlich isch's a ganz oifache Rechnung. Wenn mir jetzt unser Häusle isoliera, a neie Heizung eibaua und Solar uffs Dach hocka, dann däd uns des alles mitnonder, also so ugfähr – lass mi gschwind rechna – uglaublich viele Euro koschta."*

„Was, so viel?"

*„Ja scho, aber i hab bereits die Lösung! Wenn uns jetzt des CO2 ebbes koscht, no macht des für unser Häusle – lass mi nomol rechna – scho a paar hundert Euro im Johr…"*

„Was, au so viel?"

*„Ja, aber du kannsch dr Sozialausgleich, d'Pend-*
*lerpauschale und dr billigere Schtrom drgega-*
*rechna, no hebt sich's am End wieder uff! S'derf*
*jo koim weh do!"*

„Ha do hent mr jetzt grad nomol Glück ghett! Mir
Dackel hättet schiergar in'd Umwelt inveschtiert!"

\* \* \*

## Neue Insektenart entdeckt!

Aktuelle Meldung! Trotz des allgemeinen Insekten-
sterbens wurde ein, in unseren Breiten bisher un-
bekanntes Insekt entdeckt. Bei der sogenannten
hochaggressiven „Mietpreis-Bremse" handelt es
sich wohl um eine gefährlich mutierte Unterart der
„Gemeinen Stubenfliege", welche bisher zumeist
nur in ländlicher Umgebung ihr Unwesen trieb.
Schon gleich nach Auftreten der ersten Exemplare
wurde mit massiven Gegenmaßnahmen begonnen,
so dass eine unkontrollierte Ausbreitung dieses
Schädlings bereits im Ansatz verhindert werden
konnte. Die Bevölkerung darf also wie immer auf
die volle Handlungsfähigkeit der Behörden vertrau-
en und weiterhin auf unbeschwerten Wohngenuss
hoffen.

*(Eine Information Ihrer Bundesregierung)*

PS. Eine erfolgreiche Bekämpfung der schäbigen
„Baupreis-Kakerlake" ist bisher leider an der Hart-
näckigkeit des Insekts gescheitert...

# konsequente Freindschaft

*„Du? Könntscht du mir an Gfalla do und bei meinra Häuslesbauerei ebbes helfa?"*

„Was soll i? Dir an Gfalla do, uff deinra Bauschtell? Ha i hab doch überhaupt nie koi Zeit net! Dass du ausgrechnet mi froga muasch, wo i doch morgens immer so bald raus muass, dann schtändich a haufa Überschtunda uffbrummt kriag und obends selber no jede Menge zum Schaffa hab! Also ehrlich, so gern i dir au helfa däd, aber s'geht wirklich net. Gell, derfsch mr echt net bös sei, beim beschta Willa net!"

*„Also guat, wenn's so aussieht, dann eba net! Weisch, i kann au ebber onderscht froga! Do hab i ehrlich koi Problem drmit. I hab ja no ondre Freind, die helfa beschtimmt gern..."*

„Ja was soll denn des heißa? Du willsch ebber onderscht froga? Bin i dir jetzt womeglich nimme guat gnuag? Von deim beschta Freind willsch du dir nimme helfa lassa? Also wirklich, do hört sich doch alles uff!"

*„Aber du hasch doch grad gsa, dass du nie koi Zeit hättsch und mir net helfa könntscht, weil du selber..."*

„I? I hab gar nix gsa! Aber schwätza wird mr doch no dürfa?"

# Hartholz

Mir Männer sind von Haus aus Kämpfer,
so leicht schmeißt uns glei gar nix um.
Bloß manchsmol kriaga mir an Dämpfer
vom Virus und Bakterium.

No lega mir uns schterbenselend,
dodkrank ins Nescht, dass Gott erbarm.
S'friert uns an'd Füaß und s'glüht dr Meckel,
mol fröschtelts, mol isch's viel zu warm.

Mir huaschta, röchla, schnupfa, schneuza,
wella am liabschta nimme leba.
Mir schreiba unser Teschtament,
denn schnurschtracks geht's am End entgega.

So erdaliadrich, kaum zum saga,
ja wirklich, nur a harter Mo
kann solche Schmerza bloß ertraga,
s'gleicht fascht ma Wunder, ehrlich wohr!

A Frau kann gar net noochvollzieha,
was Männer fähich auszuhalta.
Koi Messlatt gibt's bis heit drfür,
bei sotte böse Urgewalta.

Bloß oine, wo scho Kinder hat,
kann sich vielleicht dronei versetza.
Die Weha sect mr, seiet fascht
ma leichta Schnupfa gleichzusetza.

Und desweg sag i laut: „Reschpekt!"
Mir leida schtill und heldahaft.
Wenn alles scho am Boda liegt,
mir Männer bleiba ubesiegt –

dank unsra großa Willenskraft!

*

*(Kloiner Nachtrag: Zu diesem Gedicht sott mr vielleicht saga dürfa, dass des scho a Weile vor diesem blöda Corona-Scheißdreck gschrieba worda isch. Aber manchsmol wird mr halt vom Lauf dr Welt überholt...)*

\* \* \*

„Also, i hab jetzt wirklich koi guate Nachrichta für Sie. Die Untersuchungsergebnis' sind jetzt do und Sie hent sich a ganz arg seltene und obadrei au oschteckende Krankheit eigfanga. Mir werda Sie desweg uff'd Isolierschtation verlega müassa und Sie kriaga ab sofort bloß noch Kartoffelpuffer und Spiegeleier zum essa!"

**„Ja – und do werd i dann wieder gsund drvo?"**

„So genau kann mr des leider net saga, aber des isch des Oinzigschte, was mir Ihne unter dr Tür durchschiaba könna..."

# Nomen est omen

oder

# Der schwäbische Tell

Dr Schweizer Tell isch wohlbekannt
und drum derf hier in diesem Band
des Gschichtle jetzt net fehla,
denn koiner weiß, dass'r verwandt
gwä isch mit oim vom Schwobaland –
so will i's euch verzähla.

Dr Till, des war a wirklich glatter
Saukerle wie sei Urgroßvadder.
Mit'm Pfeil hat der uff hundert Meter
verwischt no jeden Übeltäter,
hat troffa – i nehm's uff dr Deckel,
bei jedra Muck dr Muggaseggel!

Und grad so wie dr Robin Hood
hat'r bewiesa Kraft und Mut,
denn isch's um Kloine, Schwache ganga,
do hat'r ghalta fescht zur Schtanga.

Jetzt war do selles Volksbegehra,
dass sich die Biena nimme mehra,
vor lauter Sauerei und Schmutz
und fehlerhaftem Umweltschutz!
Weil jeder ging in seinem Schtückle
mit Schpritzbrüah los uff kloinschte Mückle
und mecht mit Gift und Dreckschemie
die Läus und's ganze Ziffer hie.

Koi Pfauaaug, koi Grill, koin Schreck,
die ganze Vielfalt wär scho weg!
Do hat dr Till sofort erkannt:
*„Ja, Bienaschützer braucht's im Land!*
*Denn Honich, der wo bebbt und klebt*
*isch des, was alles zammahebt!"*

Ohne Biena gäb's koi Birna,
ohne Birna gäb's koin Moscht,
ohne Moscht wär's öd und trocka,
ohne Biena wär nix los!

Ohne Mückla gäb's kaum Vögel,
ohne gäb's koin Vogelsang,
ohne frohe Morgalieder
wär's a trischter Niedergang.

Ach so kämpft'r viele Jährla
und verschiaßt bald Pfeil um Pfeil –
trifft ins Schwarze und drneba,
manchsmol sich selbscht ins Hinterteil.

Doch oh Elend, kaum zum saga,
Till, jetzt kommt a böses End,
so schlimm und kaum no zum ertraga,
dass mr's in koim Gschichtsbuach find.

Wie dr Tell, so wolltscht du gwinna,
wolltscht doch nur Beschützer sei
und dein letschter Schuss hat gsessa,
wie beim Gessler – mittanei!

In ra Fernsehshow mit'm *„Kerner"*
namens *„Rettet die Natur",*

hasch den oina letschta Äpfel
deim Büable druffghockt, hart und schtur.

Dieses Bild vom Kindermeckel
kriag i nimme aus'm Sinn.
Till, was warsch du für ein Seckel
und dein Schuss koin Hauptgewinn.

Denn er schiaßt und trifft den Äpfel,
doch leider, ach es war koi Scherz,
hat'r au dem letschta Würmle
durchgebohrt sei kaltes Herz.

Des Volksbegehra konnt mr knicka,
dem Till setzt mr a grüanes Kreuz –
beschtäuba duad mr jetzt verzweifelt
mit Pinsel oder ondrem Zeigs.

Insekta gibt's bloß no im Märchen,
dort wer'n se von dr Hex vergift' –
d'Gebrüder Grimm, wenn die des wüsstet,
die hätta sich vor Gram bekifft!

*

Jetzt, was schteckt Guat's in der Geschichte?
Wo braut sich ein Proteschtgeschtürm?
Mr weiß es net, doch ois isch sicher:

S'gibt bald koi Äpfel meh mit Würm...

# mittadrin und doch drneba

Hoppla, jetzt hat's boggelt und des net zu knapp.
Einen Mordsschlag hat's do.
Schnell, lasset mi gugga, machet Platz!
Au, au, au, des sieht gar net guat aus.

I hab's jo scho lang gsa,
dass's an der Schtell mol scheppert,
aber uff mi hört jo koiner!

Hallo? Muasch du so vordrängla?
I war z'erscht do!

Oh, i kann schier net nogugga,
i muass mi grad zwinga.

Ha jetzt geh halt uff'd Seit, du Seggel,
sonscht geht mir ebbes naus!

Wahrscheinlich isch'r bsoffa gwä
und viel zu schnell.
Koi Wunder, wenn mr so rasa muass!
In der Kurv hätt mi's nach dr letschta
Weihnachtsfeier au scho mol
schier gschlenkert ghett.

Und alle schteh'n se bloß dumm rum
und koiner duad ebbes!
Net auszudenka, wenn mr selber do liega däd!

Umeglich so ebbes!

# boggelhartes heavy metal

*Könnte aber auch die Überschrift haben:*

## Je oller, je doller!

Wer scho mol drbei war oder gar selber Teil des Programms gwä isch, der kann a Liadle drvo singa. Ja meischtens sogar meh wie ois. So a traditionelles Seniorafescht in ra kloina Gmeinde, des isch a Welt für sich. Diesen wunderbar bunta Programmablauf aus bekannte Volksliadla (von dene halt dr Normalbürger üblicherweis bloß die erschte Schtrophe auswendich kennt), aus herrlich beschwingte Beiträg, kloine Sketche und musikalischer Umrahmung derf mr sich als leicht betagtes Gemeindeglied net entgeh lassa. Zudem isch so ein Nachmittag in dr Regel koschtalos und somit doppelt schö. Drzua isch bereits Kaffee samt Hefezopf eideckt und für die ganz arg Durschtige schteht dr saure Schprudel scho griffbereit. Somit isch mr für die hoch kulturelle Höhepunkte, die mr jetzt erwarta derf, beschtens gerüschtet.

An so ma herrlicha Nachmittag hat also die versammelte Gäschteschar erscht mol des Grußwort vom Bürgermeischter, vom Pfarrer und als weiteres noch vom Senioravorschtand über sich ergeh lassa dürfa. Mr sott vielleicht beiläufich wissa, dass alles, was bei sotte Worte über sieba Minuta nausgeht, von Haus aus z'lang isch, weil eba des menschliche Aufnahmezentrum sonscht am Überlaufa isch. Vermutlich hat sich aber die Tatsach no net überall rumgschprocha ghett, denn scho nach cr zweita von diese elendlange Ausführunga hat's veroinzelte Besucher leicht umgnibbelt, weil die sich jetzt komplett uscheniert ihr gwohntes Mittagsschläfle gnomma hent. Doch mit dr Ruhe war's dann schnell vorbei, wo endlich dr Gemeindemusikant am Klavier zum erschta Liadle in'd Taschta ghaua hat.

Kräftich, teils schtimmgewaltich und zwischadrin au heftich drneba. So a schönes überliefertes Liedguat bringt selbscht jene Gaumazäpfla zum Wackla, die übers ganze Johr sonscht koin Pieps von sich geba. Aber des macht gar nix aus, denn je schräger und je lauter gsunga wird, umso meh freia sich die Organisatora über die Lebensluscht und Vidalidäd des Publikums, des mit seine Köpf wackelt wie a vollreifes Baumwollfeld im Wind.

Nach diesem erschta Ohraschmaus war dann wie üblich dr Kaffee samt Hefezopf scho fascht verputzt und dr ganze Saal hat sich nomol reichlich eischenka und au noochlega lassa. Doch schpäteschtens nach'm dritta Tässle war jetzt scho leichte Erregung feschtzuschtella. Laut Programmblättle hätt jetzt nämlich des Hailait des Nachmittags, also dieser legendäre Rollatortanz, komma solla, und alle sind scho schiergar verbobbert und hent's kaum no erwarta könna, bis dann endlich dr Bühnavorhang gwackelt hat.

Dr Grund für diese heftige Gefühlswallunga war schnell feschtzumacha: Die legendäre Senioratanzgruppe „Die Rollators", wie immer unter dr fachkundiga Leitung von Barbara Hopf (zur Vorbeigung isch dieser Name frei erfunda), hat hinter'm Vorhang scho Uffschtellung gnomma ghett. Dass jetzt aber des Headset, also des tragbare Meckelmikrophon bei dr Frau Tanzdirektor scho eigschalta war, hent alle gmerkt, bloß leider die Trägerin selber net. So war im Saal ein deutliches Hopf'sches Gebruddel zu vernehma, wo's scho bei de Uffschtellungsversuche die erschte Verwicklunga geba hat.

Vermutlich war bei dr Rentnertruppe a bissle viel Adrenalin im Umlauf, denn die sind jetzt, bevor die Tanzerei überhaupt losganga isch, in Ekstase komma. Okay, mr muass dieser quirliga Seniorahupfgemeinschaft aber au zuguatehalta, dass se nach oijähriger Probearbeit halt scho arg lang uff diesen oimaliga Ufftritt hingfiebert hent. Alle hent gmoint, dass se genau wüsstet, wo dr genaue Schtartplatz wär, doch erscht jetzt hent se feschtgschtellt, dass se die ganz Zeit über schpiegelverkehrt probt ghett hent. Und erschwerend isch eba no drzuakomma, dass des Publikum im Saal scho seit viele Johr mit durchaus preiswürdige Tanzdarbietunga verwöhnt gwä isch und uffs Höchschte gschpannt war. Alles in allem warn's also koine ganz so leichte Voraussetzunga für die Rollator-Artischta.

Mit *„Die Zuckerpuppe aus der Bauchtanzgruppe"* hat sich die umtriebige Frau Hopf desmol au wirklich einen echta Knaller ausgsuacht ghett. Wenn sich gereifte Körper schwungvoll im Takt bewega, guat gebaute Hinterteil in wellaartiger Extase fibriera und drbei sämtliches Hüftgold und Gummizüg an ihre Grenza oder sogar drüber naus bringa, dann isch die Schtimmung im Saal wirklich nimme zu bremsa.

Bereits nach'm vierta Takt isch so laut mitklatscht worda, dass mr von dr Melodie kaum meh ebbes hat höra könna und dr Lautschtärkeregler fürs Zuckerpüpple bis zum Oschlag hat uffdreht werda müassa. Guat, s'Oinzigschte, was zwischadrin a bissle gschtört hat, waret a paar zu sensibel eigschtellte Hörgerät, die jetzt mit schrille Pfeiftön drgega ghalta hent. I sag's ganz ehrlich, dr Bill Ramsey hätt net schlecht guggt! Vermutlich hat der sich seine Zuckerpüppla seinerzeit a bissle onderscht vorgschtellt ghett.

Sodele, jetzt wo die durchtrainierte Rollatora warm tanzt gwä sind, hat die Tanzgruppadomptöse des oschpruchsvollschte Schtückle eiplant ghett. Ein Medley aus Rock'n Roll Titel – um zu zeiga, zu was dr Mensch au im hoha Alter no fähich sei kann! Allerdings, und drmit hat koiner rechna könna, hat's in diesem Medley irgendwie die oinzelne Musikschtückla a bissle verschpult.

Bei „rock around the clock" war no alles im Lot, dr Tanzschritt no einigermaßa synchron urd uff dr Bühne au no koine größere Blechschäda zu vermelda. Wo aber dann schtatt am Elvis sei „love me tender" dem Little Ritschard sei „tutti frutti" eigschpielt worda isch, hat des Uheil seinen Lauf gnomma. Die arme Frau Hopf hat zwar wie wild mit Händ und Füäß gfuchtelt und dem Kerle an dr Technik den Fehler ozeiga wella, aber der hat gmoint, des wär Teil dr Darbietung und hat voller Begeischterung mitklatscht. Vor lauter Lautschtärke und Durchanonder isch des Hopf'sche Gezappel au komplett im allgemeina Tanzgruppachaos unterganga. Also „Rock'n Roll ät its bescht!".

Des Publikum jedoch war aus'm Häusle! Manche hat's von de Schtüahl grissa, a paar von de überschäumende Seniora hent scho dr Bluamaschmuck vom Tisch abgräumt und sind drmit zur Bühne vorgschprunga. Es war schiergar koi Halta meh. Dass mr so ebbes no hat erleba dürfa!

Nebabei hat sich zeigt, dass am falscha Fleck gschpart no nie koin Wert ghett hat, denn uff dr Bühne hat sich jetzt deutlich die Schproi vom Weiza trennt. Sämtliche Billig-Rollatora hat's in Oinzelteil zerlegt und nur die schtabile Qualidädsmodell hent diese Prüfung mit leichte Blechschäda überschtanda. Aber so hat mr leider wega Materialermüdung uff dr dritte Tanzbeitrag verzichta müassa, der aber an sellem Mittag gar nimme nötich gwä wär. Der Saal war am Kocha, sämtliche Gäschte begeischtert und bei manche, von dene mr des nie denkt hätt, isch durch dieses pralle, körperbetonte Bühnaschpektakel beinah dr dritte oder gar scho vierte Frühling ausbrocha. Was will mr meh!

Selbscht die guat gschpielte Sketch und au die wohlbekannte Volksweisa, die zum Abschluss no gsunga worda sind, hent diesen uglaublicha Senioratanz nimme toppa könna.

Also, i kann für mi selber hier nur den Schluss draus zieha: Wer moint, er müasst, weil er scho alles wüsst und scho hundertmol gseh hat, nimme zu so ma schöna Nachmittag geh, dem entgeht vielleicht des Beschte, was es im sonscht eher gemächlicha Senioradasein zum erleba gibt.

Unterm Schtrich war's also a wirklich gelungenes Seniorafescht, so dass mr sich scho heit uffs nägschte Johr hat freia dürfa.

*

Ja, so isch des gwä an sellem Nachmittag. Und wie immer hat mr am End mit „Kein schöner Land in dieser Zeit" diese eidrucksvolle Schtunda ausklinga lassa dürfa – mit dr Erkenntnis, dass diese Liedzeile, au wenn se scho anno 1840 s'erscht Mol veröffentlicht worda isch, au heit, nach so viele Johr, immer no ihr volle Gültichkeit hat!

* * *

## Wie Zunder?

Manch alter Greis im Überschwang,
ganz hoffnungsfroh, voll Tatendrang,
stürzt sich ins Abenteuer.
Denn Amor hält die Pfeile spitz,
trifft auch im Alter wie ein Blitz
und schürt ein heißes Feuer.

Ach ist das schön, nochmal verliebt,
dass es im Alter so was gibt –
man fühlt sich jung und kesser.
Doch liegt es nur am Sachverhalt,
und die Erkenntnis kommt schon bald:
Ein dürres Herz brennt besser!

# Alles für die Katz!

Ein alter Schwabe liegt im Sterben. Doch bevor er seine Augen für immer schließt, muss er seiner Familie, die sich um sein Bett versammelt hat, noch etwas Wichtiges mitteilen:

*„Also, was mi scho lang umtreibt, jetzt muass i's doch noch loswerda: Gell, früher, als junger Mann, do hab i Geld ghett, bin schnelle Auto gfahra und hübsche Mädla warn haufaweis um mi rum. Doch dann hat a guater Freind zu mir gsa, dass i innehalta und mei Leba ändern soll. Er hat gmoint, dass i heirata und a meglichscht große Familie gründa muass, damit in meiner Schterbeschtunde au ebber bei mir isch, wo mir a Gläsle Wei eischenka kann.*
*Guat, des hab i dann au alles so befolgt, hab gheiratet, Kinder zeugt, mein Porsche verkauft und mei ganzes Geld für'd Frau, fürs Häusle und fürs Schtudium von meine Kinder ausgeba. Alles so, wie's mein Freind gwellt hat. Und jetzt geht's mit mir zu End – und soll i euch was saga?"*

**„Ja was?"**

*„I hab gar koin Durscht!"*

* * *

„Niemand versteht zur rechten Zeit!<br>
Wenn man zur rechten Zeit verstünde,<br>
so wär die Wahrheit nah und breit<br>
und lieblich und gelinde!"

(Johann W. v. Goethe, 1749 - 1832)

# Auf der schönen feuchten Donau

oder

## Kommt pauschal bsoffa wirklich billiger?

So a runder Geburtsdag wirft oft seine Schatta voraus. Doch so, wie in meim Fall, schlägt ein sottes Ereignis au noch viele Wocha hinterher regelrecht Wella.

Also des war so: Unter dene viele Sächla, die i an meim Sechzigschta uff meim Gabatisch vorgfunda hab, war au an schöner Guatschei über a mehrtägige Flusskreizfahrt. Heidanei, ja so ebbes aber au! Und des, wo i doch vorher ausdrücklich hab ausrichta lassa, dass i eigentlich wunschlos glücklich bin und mr sich wega mir net in sotte Ukoschta zu schtürza bräucht. Doch irgendwelche Familiamitglieder hent sich halt denkt, dass's mit ma feuchta Händedruck alloi eba net langa däd und hent somit a kloine Reise für mi und für a weitere Person meiner Wahl schpendiert.

Guat, ganz so wahlfrei war's jetzt au wieder net, denn uff de beigefügte Reiseunterlaga war scho mei Frau als zweite Person eitraga. Des wär zwar vollkomma unötig gwä, aber woher hätta meine Kinder au wissa solla, ob dr Vadder net doch scho in dr Midlaifkrise isch und a paar geheime Wünsche hätt. Und so sind se eba liaber uff Nummer sicher ganga.

Irgendwann im April isch der Termin für diese Kreizfahrt dann näher grückt und mr hat bloß no a paar Kloinigkeita organisiera müassa. Alles war recht guat durchdacht und eigentlich sind koine Wünsch offa blieba.

Bloß ois hat uns jetzt doch schtutzich gmacht. Jeder hätt für die gesamte Dauer der Reise a Getränkepaket pauschal drzua wähla könna. Umgrechnet wärn so pro Person nochmol 35 Euro am Dag drzuakomma – also umgrechnet schtattliche 70 Euro, die mir zwei an oim Dag hätta versaufa solla. Guat, oim, der in dr Regel bloß Kaffee, Tee und Schprudel drinkt, sich, wenn's sei muass, höchschtens oi Viertele am Dag genehmigt, kommt die Summe schier uglaublich hoch vor. Und ma Klemmer, wie mr eba (ganz geheim in sich drin) oiner isch, däd so a uglaubliche Geldverschwendung scho glei gar net in Sinn komma. Also wird, schwäbisch geerdet, au über dr Kopf von dr mitreisenda Person entschieda und uff dieses Getränkepaket verzichtet.

Um ganz ehrlich zu sei, hab i mir aber des Für und Wider von so ma pauschala Ogebot vorher scho guat durchgrechnet ghett. Es isch jo net so, als dass mr uff ma Kreizfahrtschiffle verdurschta däd. Scho morgens gibt`s Kaffee, Tee, Milch und Orangschasaft soviel mr will. Sogar a Krüagle mit Wasser schteht immer parat. Dr reine Flüssichkeitsbedarf hätt mr bis zum Mittagessa drmit ohne Schwierichkeita eifülla könna. Okay, jetzt gibt's zwar zum Mittagessa koine Tischgetränke, aber im Menü isch immer a feines Süpple mit drbei, des mr sich laut Reiseproschpekt au a zweites Mol serviera lassa derf. Allerhöchschtens wär zu diesem Zeitpunkt also oi zusätzlich's Getränk denkbar gwä und nach fünf Gäng isch sowieso koin Platz meh im Bauch – ja wo hätt mr dann noch sei Pauschale unterbringa solla?

Nachmittags gibt's vor'm Kaffee immer a Gläsle Sekt oder au an kloina Cocktail uffs Schiff, äh – uffs Haus und so kann sich dr große Durscht au gar net richtich entwickla. Eventuell verschpürt mr an kloina Glischta uff a guats Schorle oder a Weizabierle. Doch au jetzt sott mr dro denka, dass, wenn dr Bauch um die Zeit scho voll mit Brüah wär, mr beim Obendessa vielleicht uffs Tischgetränk verzichta müasst, weil nix meh in oin neibassa däd. Des wär dann doppelt schad, weil des jo immer koschtalos mit drbei isch.

Was mr aber bedenka muass wär, dass es au jetzt obends wieder mindeschtens fünf Gäng geba wird, die mr halt au zwinga sott. Und ganz ehrlich, eigentlich isch zu so ma oppulenta Gelage, alloi aus gsundheitliche Gründ, ein schtilles Wasser des Bekömmlichschte, weil oim des, weil ohne Kohlasäure, net no meh dr Ranza bläht. So kann mr sich ohne Reue gern a paarmol noochlega lassa Genau, denn diesen geldwerta Vorteil derf mr sich als bekennender Schwabe au niemols nicht nausgeh lassa! Oimol guat glebt denkt oim lang und glei a paar Däg hinteranonder wahrscheinlich ewich. Und wenn mr ubedingt über d'Schträng schlaga muass, dann kann mr zu diesem Zeitpunkt gega sei Natur handla und ausnohmsweis a Viertele bschtella. Mr sott allerdings wissa, dass ein Viertele uff ra Schiff normalerweis ein Fünftele isch und kurz überschlaga, was unter'm Schtrich dr volle Liter koschta däd.

Desweg suacht mr mit dr Gattin au hier wieder gern dr goldne Mittelweg und bschtellt sich a Halbe. So a Maßeinheit lässt sich leicht umrechna und war erschtaunlicherweis au net teurer wie a klois Fläschle Krösus-Mineralwasser. So braucht mr also mitnonder am Dag drei oder höchschtens vier zusätzliche Getränke und es dürft oin unterm Schtrich wesentlich billiger komma, wie mit vorbezahlter Pauschalsauferei.

Doch wie allgemein bekannt soll jedes Ding zwei Seita haba. Ja und genauso isch's au uff diesem Schiff gwä. A recht korpulente Gruppe aus Münchner Kegelbrüder und drzua als Gegagwicht a kloine Frauagsellschaft aus Kölner Tanzmariela hent ihre Betriebsausflüg juschtament au uff diesem Schiffle buacht ghett. Guat, des war ja im Grund nix Ugewöhnliches und am Ofang au no gar net so erschreckend. Mr isch jo selber au so weltgewandt und weiß, dass in ondre Länder au ondre Sitta herrscha. Mr hat aber net wissa könna, dass diese Regel au bei hiesige Bundesländer zuatreffa kann. Ja, scho kurz nach dr Eischiffung sind mei Frau und i ziemlich sicher gwä: Des müassa also diese Getränkepauschal-Tourischta sei, die sich um gar nix koin Kopf macha wella und die alkoholische Überschwemmunga scho im Voraus zahlt hent!

Kaum uff'm Schiff, hent die Pauschalschlugger au scho die erscht Runde Weizabier und Pina colada bschtellt. Es mag jo sei, dass vom Prinzip her die

Kölner Frauariege dr längschte Weg hinter sich bracht und koi Zeit zur Rascht ghett hat. Also wirklich, bis mir zwei unser Kabine bezoga hent, isch bereits Runde drei in Arbeit gwä! Grad wie wenn a Rudel Kamel in dr Sahara scho wochalang nix meh zum Saufa kriagt hätt. Mir hent bloß no schtauna könna! Scho alloi vom Zuagugga isch meinra Frau und mir s'Gaumazäpfle im Hals bebba blieba. Nur, um net ganz uffzufalla, hab i dr netta Bedienung nach ma Cola gwunka. (Okay, i hab deshalb winka müassa, weil i vor Trockaheit scho kaum meh hab schwätza könna.)

Im Verlauf dieser Kreizfahrt hent mir dann schnell lerna dürfa, dass sich ein Pauschalbesäufnis rein rechnerisch durchaus lohna kann. Allerdings sott mr vorher guat geeicht, also drinkfescht und dehnungsfähich sei. Zudem hent mir gmerkt, dass es sich bsoffa trotz Wellagang und Motorgebrumme oscheinend recht guat schloofa lässt. Mir zwei, als schwäbische Klemmer und bhäbe Pfennichfuchser, sind morgens eher a bissle übernächtigt zum Frühschtück erschiena, aber dene vermutlich scho johrelang guat geeichte Drinkgemeinschafta hasch du koin Fatz ogmerkt. Die sind mit gsunder Gsichtsfarb, wie aus dem Ei gepellt und wunderbar ausgschloofa erschiena und hent sich nach'm Kaffee glei wieder s'erschte Inklusivschluggerle eigfüllt. Ganz im Schtilla isch bei mir dr Verdacht uffkomma, ob mir wohl mit unsrer Reise uff oim von dene sagenumwobene Buddelschiff glandet sind.

Wenn mr aber nüchtern drüber noochdenkt, dass oin alloi scho dr reine Alkoholpegel drvo abhalta könnt, all diese schöne vorbeiziehende Landschafta und Flussbiegunga, die viele Burga, Schlösser, Klöschter, die herrliche Schtädtla und Kulturdenkmäler im Gedächtnis feschtzuhalta, no sott mr sich überlega, ob mr bloß zum Volllaufalassa überhaupt den Luxus von so ra Kreizfahrt bräucht.

Obadrei hent mir an dene Däg so nette Leit kennaglernt, uns wirklich ogregt und au net bloß oberflächlich unterhalta, was mit ma druckbetankta Dauerpegel sicher au net so leicht meglich gwä wär. Gell, und die Endabrechnung, die mir dann am Schluss uff unser Kabinanummer kriagt hent, hat uns recht geba. Obwohl mir zwei uns wirklich nix verklemmt hent, uns des oine oder au ondre zusätzliche Viertele oder Cocktailgläsle gleischtet und net oimol den Oflug eines Durschtgefühls verschpürt hent, warn jetzt noch net mol dreißich Euro pro Dag wegdudelt – und des mitnonder, ohne Verzicht uff irgendebbes. Allerdings eba ohne komplette Dauerschlagseite. Jetzt mol Hand uffs Bläsle, meh kann mr doch net schpara!
Guat, vielleicht sind mei Frau und i in der Hinsicht a bissle eiga, kann scho sei, aber in oim sind mir uns sicher: Diese schöne Flusskreizfahrt bleibt uns beide, dank uverschwommenem Durchblick und vermiedener Dauerdunscht-Umneblung no lang im Gedächtnis!

Gell, und wenn mr wirklich mol a kloines, also natürlich bloß a winzich kloines Räuschle wella, no saufa mir brav drhoim…

# Die heimliche Verwandtschaft

oder

## Von wem stammt der Mensch wirklich ab?

Am letschta Schtammtisch war's soweit,
do hent z'mol die Gelehrte Schtreit:
Wie kam dr Mensch uff diese Welt?
Wer hat'n bracht, wer hat'n bschtellt?
Was hat jetzt Gültichkeit?

Ach oftmols isch mr hoch schtudiert
und hat doch trotzdem nix kapiert
und hat sein Geischt verschlissa,
denn über wilde Theorie
hent se sich d'Gosch verrissa.

*„Der Mensch, der schtammt vom Affa ab!
Wer des net glaubt, kriagt was uff'd Kapp!"*

*„Die Außerirdische sind's gwä,
des hat dr Däniken scho gseh!"*

*„D'Evolution isch doch bloß Hohn,
dr Schöpfung ghört dr Wissensthron!"*

*„Ihr sind mir no so Dackel,
dr Darwin trägt die Fackel!"*

Doch schpät um ois, do sieht mr dann
vier Esel hoimwärts schwanka.
Dr oi haut's gschtreckterlängs in Dreck,
dr onder schlägt sein Grind ans Eck,

dr Dritte dappt in'd Mischte,
dr Viert' brunzt gar in'd Hosa nei,
a rechte Elendssauerei
und legt sich so in'd Kischte.

Ja, wenn mr sich so seha könnt,
no hätt die Frogerei a End,
denn so könnt mr's beweisa.

Ein Viech schteckt in uns alle drin
und hebt uns fescht am Wickel,
in jedem von uns schwirra schtets
so einige Partikel.

Dr Aff' isch unser Vorfahr gwä,
wer will, kann's jeden Dag no seh –
ob mit Krawatt, ob mit Koschtüm,
mit feine Schläppla und Parfüm,
ein Aff' isch schtets verborga.

Er lauert bloß uff dr Moment,
no isch'r do, ganz ugehemmt.

Net heut? Dann sicher morga!

*

Hier zum Nachweis der aufgestellten Theorie anbei
unsere wissenschaftliche Beweisführung:

Am sechsten Tag wurd' er erschaffen,
daher die Nähe zu den Affen!

# Der Klügere kippt nach

Jawohl! Sich oiner hinter die Binde zu kippa isch die Lösung für viel Probleme, denn nüchtern betrachtet, dürft bsoffa gscheiter sei! Doch, um hier glei den Riegel vorzuschieba: Der folgende Text soll jetzt koin von uns zu irgendoinra Sucht ermuntern, sondern höchschtens a paar ganz oifache Hilfeschtellunga eischenka.

Aber jetzt sind mr doch mol ehrlich! Mit a paar Umdrehunga im untera Promillebereich isch doch heit manches viel besser zum ertraga. Die ganz Welt isch aus de Fuga! Des, was geschtern noch'n Wert ghett hat, gilt nix meh und mr weiß bald scho nimme, wem mr noch ebbes glauba derf oder kann. A gewisser Wandel isch zwar scho immer gwä – dr Wandel als solcher isch ja eigentlich des oinzigscht Konschtante uff dr Welt, doch irgendwie hat dieser Wandel heit so einen Zacka druff, dass drbei dr komplette Erdball ins Rotiera kommt. Sodele, und wo soll mr dann als Mensch no Halt finda, außer an dr Flasch?

Dr Alkohol isch ja rein chemisch gseh a oifaches und guates Lösungsmittel. Deshalb könnt mr au glauba, dass die oifache Lösunga au immer no die beschte wäret. In dr harta Wirklichkeit kann mr sich aber mit a paar guate Schluck leider sei schräge Wunschvorschtellunga net so gradsaufa, wie mr's gern hätt. Wenn scho die ganz Welt am Schlenkern isch und mr selber drzua an rechta Balla hat, wird so ein bsoffener Osatz mit Sicherheit misslinga! Mit ma kloina Vollräuschle wird sich nirgends koi Erkenntnis finda lassa!

Jetzt sott mr onehma dürfa, dass oim dr gsunde Menschaverschtand irgendwann d'Migge neihaua oder s'Leberle a Schtoppschild hochheba däd. Doch dem wird leider net so sei, denn wenn dr Pegel a gewisses Maß überschritta hat, isch von selber koi Halta meh meglich. Noch a Bier und noch'n Schnaps und scho kommt oim des dümmschte Gschwätz wie'd Offenbarung vor. Ja wirklich, es sind doch grad die primitivschte Schprüch, die dümmschte Behauptunga und die uverfrorenschte Halbwahrheita, mit dene mr d'Leit bsoffa macha kann.

Waret's früher noch „Brot und Schpiele", womit mr s'Volk hat manipuliera könna, so sind's heit die herrliche Errungaschafta unsrer alles umschlingenda digitala Welt. Es isch ja mit dr Volksverdummung au wirklich oifach worda – a paar gehässige Zeila, vielleicht no a bissle verlogena Dreck drzua, a paar Klicks weiter und scho kann jeder Seckel a Welle lostreta und sein Sempf abgeba, obwohl'r net dr geringschte Schimmer drvo hat. Und bevor oim ebber uff'd Schliche komma däd, isch scho dr nägschte Mischt in'd Welt gsetzt und die nägscht Sau wird mit „Hallo" durch dr Flecka trieba.

„Fake news" sind doch heit des neie Rauschgift und je dreischter die Lüga werda, desto meh wellet's glauba. Von doher isch so a smartes Handy vielleicht sogar no besser wie dr reine Schnaps. Von beidem kann mr süchtig werda, beide ballern direkt ins Hirn, beide vernebla oim dr Blick und beides kann blöd und obadrei no aggressiv macha.

Und doch gibt's a paar kloine Unterschied, uff die mr drbei achta sott. Dr harte Alkohol isch normalerweis für Leit unter achtzehn gar net frei verfügbar. Rein von de Vorschrifta her müassa die Junge eigentlich dr Ausweis vorzeiga. Doch so'n getwitterta Scheißdreck derf im Prinzip scho dr kloinschte Windelpubser raushaua und des eba leider net bloß in d'Windel.

Wenn oiner gsoffa hat, so sieht mr's dem schnell am Blick, am Gang oder no schneller am lallenda Gschwätz o. Aber oiner, wo hählinga gemeines Zeigs in sei Smartphone tippt, der kann dir rotzfrech ins Gsicht lacha und du merksch uff koim Aug, dass des dr gröschte Erdalump isch. Noi, s'isch eba alles nimme so oifach wie früher!

Obwohl – und des wird mr als dagdäglich uffs Neie geprüfter Mitbürger wohl hoffentlich no saga dürfa, obwohl heit sogar bis in höchschte Schtaatsämter dr Griff unter die Gürtellinie zum ganz normala Alldagsgschäft ghört. Ja, von wem solla denn unsre Junge Reschpekt, Toleranz und oschtändige Umgangsforma lerna, wenn scho die Oberschte koi guat's Beischpiel meh abgeba?

Dass a bissle z'viel Geld, z'viel Macht oder au a Schuggerle z'viel Teschtoschteron bsoffa macha kann, isch ja aus dr Gschichte der Menschheit längschtens erwiesa. Doch dass mr aus dr ganza

Vergangaheit nix drzua glernt hat, isch net bloß liadrich, sondern eigentlich zum Heula!

Wär desweg a Twitterverbot ab zehne obends net a sinnvolle Sach? Oder au a Smartphone mit eigebauter Taschtenschperre, des sofort merkt, wenn oiner an Scheißdreck eitippt. Wenn mr do drüber noochdenkt, dädet sich scho a paar Meglichkeita finda lassa. Doch leider isch heit so, dass viele kloine Kinder scho zum Psycholog gschleift werda, bloß weil die Eltern ihre Schpößling, schtatt ab und zua „d'Sendung mit dr Maus" gugga zu lassa, leider mit'm Händy alloi glassa hent.

Vielleicht sott mr halt oifach a bissle früher eigreifa und im Kindergarta oder wenigschtens in dr Grundschual unter dem Schtichwort „Verhütung" sotte Themen im Unterricht bringa. Schpäteschtens aber in dr siebta Klass, wenn die meischte scho ihr drittes Smartphone und ihr'n erschta Rausch hinter sich hent, sott mr lerna, dass mr sich au mit echte Freind unterhalta und mit Apfelschorle dr Durscht löscha kann.

Meglicherweis däd dann die Erkenntnis reifa, dass mr zum „Vorglüha" durchaus sein oigena Meckel hernehma kann und koine schtumme Flaschageischter braucht. Aber wer zu dr Flasch greift, nach'm zweita Bier mit saurem Schprudel noochkippt, der isch vielleicht sogar cooler als oiner, der nach ma flotta Fläschle „Gorbatschoff" die halb Welt vollkotzt und hinterher dr Sani braucht. Und wenn'r moint, er müasst trotzdem über dr Durscht saufa, so derf'r sich sicher sei, dass irgendoiner von seine lallende Kumpels die ganz Sauerei hinterher glei noch per Smartphone ins durschtige Netz schtellt.

Vielleicht kommt mr dann über diesen übla Umweg zur Eisicht, wie ognehm es sei könnt, wenn des schöne Internet au mol ebbes vergessa däd. Dass dem leider net so isch, merkt mr erscht, wenn irgendwann dr zukünftige Chef mit a paar Klicks in zehn Johr alte Kotze dabbt.

Ach ja, mr hat's net leicht und je meh Schpura mr selber im Netz hinterlassa hat, umso weniger derf mr sich sicher sei! Soll mr deshalb doch öfters mol dr Kopf ei- und dr elektronische Quälgeischt ausschalta? Mr weiß es net, aber vielleicht findet sich im Netz au für dieses Problem bald a ganz oifache Äpp…

\* \* \*

Kloiner Tipp am Rande:

Wenn bei ra Bolizeikontrolle Babiere verlangt werda, sott mr besser vorher überlega und de Beamte net ausgrechnet a paar Biere zeiga. So a Schpäßle – hicks – ging – upps – leicht drneba…

# alleweil so müad

*Dr Frieder sitzt samschdagmittags in dr warma Frühlingssonne uff seinra Terrass und schlooft. Sein Freind Karle kommt uff a Bsüachle vorbei und wundert sich über so einen Schnarchzapfa...*

\*

Karle: „Ja wie Frieder, was isch denn mit dir los? Hasch du nix zum schaffa?"

Frieder: (ganz erschrocken)
**„Wie? Wo? Was isch bassiert?"**

Karle: „Oh Kerle, ha du wirsch jo schier nimme wach! Hasch du wieder mol so a harte Nacht hinter dir?"

Frieder: **„Ach woher. I hab mi nach'm Mittagessa bloß a bissle ausruha wella..."**

Karle: „I glaub's jo net, a bissle ausruha, s'isch doch scho glei viere durch!"

Frieder: **„Weisch Karle, i brauch's halt! Des kloi bissle Nachtruah langt mir eba oifach nimme. Wahrscheinlich hängt mir dr Winterschloof noch drin."**

Karle: „Also mit so ra faula Ausred brauchsch mr fei net komma! Winterschloof, ha dass i net lach! Und wenn's so wär, könntscht jo au ebbes drgega do! Schtatt dr ganz Dag bloß uff dr faula Haut zu liega, sottsch du besser a bissle Schport macha! Oifach mol ins Schwimma geh oder au bloß a halb's Schtündle tschogga!"

**Frieder:** „Schport? Noi, bloß des net! Do bin i viel zu müad drzua! Die kloinschte Oschtrengung däd mi umbringa."

Karle: „Menschenskinder aber au, jetzt isch doch Mitte April und überall duad sich ebbes. D'Karnickel rammla grad scho wie verrückt, ringsrum treibt's aus und sämtliche Säfte schteiga..."

**Frieder:** „Was für Säfte? S'Oinzigschte, was bei mir uffschteigt, isch die Frühjohrsmüdichkeit!"

Karle: „Was? Willsch du jetzt vom Winterschloof direkt glei weiterschnarcha?"

**Frieder:** „Ach, du hasch jo recht, aber i kann doch au nix macha, wenn's dr Körper verlangt!"

Karle: „Dr Körper? Ja Frieder, sag bloß, muass i mir jetzt Sorga macha? Schteckt womeglich meh drhinter?"

**Frieder:** „Noi Karle, ganz beschtimmt net! Aber weisch, i fall doch jedes Johr immer nach dr Frühjohrsmüdichkeit direkt ins Sommerloch nei!"

Karle: „Oh leck mi doch grad am... Ehrlich, du bisch jo die reinschte Schlooftablett!"

Frieder: **„Ach woher, sotte Mittela brauch i Gott sei Dank net! I kann au ohne ganz guat schloofa, wenn's sei muass dr ganze Dag!"**

Karle: „Oh, was soll i bloß mit dir macha? Drhoim rum kannsch die Schnarcherei vielleicht grad no bringa, aber im Gschäft wirsch doch wohl wach bleiba? Ha des däd doch scho am erschta Dag ufffalla!"

Frieder: **„Noi, do brauchsch dr jetzt beschtimmt koin Kopf macha! Im Büro isch des für mi zum guata Glück koi Problem."**

Karle: „Ja und wieso net?"

Frieder: **„Ha Karle, du weisch doch, dass i seit zwei Johr uff'm Liegaschaftsamt bin!"**

Karle: „Ja scho, aber was genau machsch du dort?"

Frieder: **„Ha weisch, i mach Ablage..."**

# hellwach

Manchsmol kommsch du kaum zur Ruah,
findsch oifach net ins Schläfle,
bringsch au mit Gwalt koi Äugle zua,
zählsch ewich Schoof um Schäfle.

Ach, wie gern dädsch du entschpanna,
dich ins Bettle lega,
doch irgendwer hockt dir im Hirn
und hat halt was drgega.

Du wälzsch dich hin und wälzsch dich her,
Entschpannung isch net meglich.
Du zählsch die Viecher, herdaweis,
viel meh, als wie verträglich.

Ab Schäfle „Tausend" wird's zur Qual,
du schlupfsch scho unters Kissa,
stecksch dir gar Ohraschtöpsel nei,
ja, jetzet willsch du's wissa!

Doch selbscht die dickschte Zipfelkapp
und schwarze Augabinda,
die halta deinen Geischt net uff –
koi Päusle isch zu finda.

Am End stehsch senkrecht dann im Nescht,
hellwach – doch unterdessa
schnarcha die Schäfla scho um'd Wett
(drgega hilft koi Schlooftablett) –

die Nacht kannsch grad vergessa!

# dr Pfannakuacha

*(von meiner Mutter überliefert und zu schade,*
*um es nicht festzuhalten)*

Jörgle, duad dir net vor Freid
s'Herz im Leib drin lacha?
Denk dir, d'Muadr hat uns heit
Pfannakuacha bacha.

Pfannakuacha? Ja, s'isch wohr,
die lass i mir schmecka,
die gibt's net so oft im Johr –
komm, dua no schnell decka!

D'Luis, die deckt, mr setzt sich no,
d'Supp kommt scho ogfahra,
aber Kinder, Weib und Mo
dehnt an dera schpara.

Dass dr Maga recht viel Platz hat
für die Pfannakuacha –
gugg, wie's über die dronei goht,
a jeder will's versuacha.

Doch was hat dr Jörgle jetzt,
isch der wohl von Sinna?
Und au d'Luis duad wie entsetzt,
grad als ess' se Schpinna.

Und dr Alte schüttelt's au,
fängt grad scho o zu fluacha:

„Herrschaft Frau, was hasch dronei
in die Pfannakuacha?"

„I? Dronei do, komm sei gscheit,
des müasst i doch wissa!"
„No versuach's", schreit er und geit
ihr an feschta Bissa.

Richtig schtreckt se au dr Hals
und jetzt isch's ra komma:
„Herr, jetzt han i schtatt em Schmalz
weiße Schmierseif gnomma!"

\* \* \*

## Es lebe die Erinnerung...

Die Oma ist zwar schon weit über Achtzig, geht
aber immer noch regelmäßig zur Beichte:

*„Ach, Herr Pfarrer, i muass Ihne geschteh, dass i
einen junga Mo verführt hab. Was soll i jetzt bloß
macha?"*

Der Geistliche zweifelt aber ein wenig und will's et-
was genauer wissen. Darauf die Oma:

*„Ach wissa se Herr Pfarrer, des isch zwar jetzt
scho über sechzich Johr her – aber i beicht's immer
wieder gern..."*

# Germanys next Topf-Model

## Die ultimative Küchenshow von und mit Sterneköchin Heide Blum

*(Um eventuellen rechtlichen Konsequenzen vorzubeigen, sind Namen und Begriffe leicht verfremdet dargschtellt [Vorsicht Satire!]. Mir hoffa aber, dass jeder trotzdem merkt, wer oder was drmit gmoint sei könnt...)*

*

**Heide:** *„Sodele, meine sehr verehrten Damen und Herra, mir befinda uns heit im Schtudio des SWR, genauer gsa im Hochglanz-Kochparadies des Senders. Natürlich wie immer hervorragend gschponsert, i moin ausgschtattet mit dr allerneieschta Event-Eibauküch „Brötzel 3000". Zudem gönnerhaft unterschtützt von Gnorr Erbswurscht (wo's leider seit 2018 nimme gibt, was arg schad isch!), Blechfix Dosaöffner sowie Schluckschpecht Weinimport.*

*Als Kandidatinna dürfa mir heite begrüßa: Hier zu meinra Linka das Freilein Anita Sausele aus Holzgerlinga, alleinerziehende Mutter mit abgetauchtem Erzeiger, net oschtändich ogschtellt in zweiahalb Teilzeitschtella und hier auf dr ondra Seit die Frau Claudia Schnellinger, verheiratet, ein Mo, koine Kinder und seit acht Johr in befrischteter Vollzeit. Wie Sie also seha könna, hent unsre Kandidatinna arg unterschiedliche Lebensentwürf und onnaweg gibt's doch ebbes, was beide verbindet: Beide hent vor lauter lass-mi-au-mit schier koi Zeit für dr Haus-*

*halt und erscht recht net* fürs *Kocha. Ja und genau
für die heitzudag doch so schtressgeploogte Ziel-
gruppe isch diese zukunftsweisende Sendung ent-
wickelt worda – unter dem Motto:*

**Vollwertig kochen ohne Grundkenntnisse –
mit Heide Blum koi Problem!**

*Die Aufgabe lautet wie immer: „Drei Gänge in zehn
Minuten" und do drzua dürfa mir als Juror wieder
mol unsre bodaschtändige Allzweckwaffe, also un-
sern allseits bekannta Vinzenz Link begrüßa, der
als schwäbische Urgewalt no a jedes Häfele aus-
gschleckt hat! Na Vinzenz, altes Haus, geht's lang-
sam wieder?"*

Zur Information: Herr Link musste nach der letzten
Sendung kurz in die Notaufnahme, ist aber soweit
wieder hergestellt und belastbar. Ach so, und was
man hier beim Lesen natürlich nicht sehen kann ist
die Tatsache, dass die Kandidatinnen bei Heide
Blum ausschließlich mit Fertigprodukten aus Tüten,
Bechern, Büchsen, Gläsern, Foliengügglen und
Schachteln kochen und es dabei weder auf Ge-
schmack, Geruch, Gesundheit oder Genießbarkeit
ankommt.

Bewertet wird hier zu allererst nach Schnelligkeit
und Optik, da ja alle anderen Kriterien im Zeitfen-
ster von zehn Minuten nicht einzuhalten wären. Hier
wurde von unserer Sterneköchin ganz bewusst die-
ses lebensnahe Szenario angelegt, und der Sender
hofft damit, eine möglichst breite Zuschauergruppe
zu erreichen.

**Heide:** „Pling-pling! Sodele, die Zeit läuft und jetzt dürfa mir gschpannt sei, was unsere beide Dama wieder mit Hilfe von Dosaöffner, Mikrowelle und Schtreuwürze alles zaubern. Alle Produkte hab i übrigens selber heit Morga ganz frisch beim Discaunter bsorga lassa! Des oinzigschte Kriterium beim Eikauf war, dass die Sächla meglichscht billich und die Verpackunga meglichscht groß und bunt gwä sind, weil ja bei uns im Sender natürlich au des Auge immer mitessa will. Aber jetzt wella mir uns gar nimme mit sotte Kloinichkeita uffhalta und die beide oifach schaffa lassa – los geht's!"

Tick-tack-tick-tack-tick-tack......**brrrrrrrrrr**
„Und scho schellt dr Wecker, zehn Minuta sind um und unser Juror wird sich die subberflott gekochte Ergebnisse munda lassa. Also Vinzenz, mir sind mitsamt deinem Ranza scho ganz gschpannt uff dei Expertise!"

**Vinzenz:** „Aha! Hier also jetzt des wunderbar reichhaltige Menü von Kandidatin Anita. Rein vom Ausseh her isch des bunte Fertichsalätle scho a bissle nunderghockt, schmeckt leicht eigschperrt, lässt sich aber mit a paar satta Schpritzer Schlunzdressing aus'm Blaschtichfläschle leicht nunderschlugga. Als feiner Gaumakitzel gibt's drzua zwei mit Salzschtängela kunschtvoll gschpickte Dosapfirsich, also echt dr Hammer! Vom reina Mundgfühl her a wirklich gelungener Bebb! Mir bleibt d'Schpucke weg! Dass i uff so ebbes Guats no net selber komma bin? Huat ab Frau Sausele!
Als Hauptgang ein Riesateller mit dämpfte Ravioli an Erdnussflips. Ja, wenn do net sämtliche Maga-

säfte in Wallung komma! Drzua no a liebevolle Garnitur aus grob ghacktem Blockschoglad, obadrei mit Schtreuwürze und bunte Pfefferkörnla veredelt, oifach wunderbar! Anita, des sind genau diese herrliche Gschmacksknoschpakitzler, wo oim's Expertagöschle drnooch glischtet. Also do schaff i dann locker a volle Portion, obwohl mi's nach zwei Löffel schiergar scho lupfa wöllt. Wirklich wohr Anita, des nenn i gelunga!

Doch halt, zum Abschluss noch a mit Herzleswäffela hübsch dekoriertes Fertichbuddingle mit echt künschtlichem Erdbeergschmack. In der Kombination des Ganze dann noch mit ma Schuggerle Pfefferminzlikör verfeinert, also do isch d'Messlatte scho mol ordentlich hochglegt.

Net zu vergessa, hat unser Anita als gepflegt stilvolla Begleiter ein deitlich säurebetontes 2016er Ahr-Schleckerle gwählt. Ein absolutes Schpitzatröpfle aus'm Zwei-Liter-Tedrapack! Do sieht mr erscht, zu was dr deitsche Weibau für 3,59 fähich isch! Als alter Weikenner hier noch mein Tipp: Mit der Brüah lässt sich mühelos und ganz ohne Chemie au die härteschte Verkruschtung aus Backöfa oder Kloschüssla lösa. Sodele, und jetzt zum Neutralisiera schnell noch a Zehntele Vernet Blanca und scho bin i wieder uff dr sichra Seit!"

**Heide:** *„Wirklich Vinzenz, mir im SWR sind immer wieder verblüfft, wie bildhaft und treffend du so einen Mampf beschreiba kannsch! Mir selber däd bei dene Kreationa d'Schpucke wegbleiba, aber du hasch eba Maganerva wie breite Nudel. Aber jetzt* *zu dir, liebe Claudia. Also i muass wirklich saga, dieses Menü wabert scho bis in'd Sendekabine nüber!"*

**Vinzenz:** „Aber hallo, was hent mr denn hier uff'm Teller? Sieht aus wie scho mol gveschpert, riecht wie alte Heringsbüchsa, schmeckt wie eigschloofene Füaß und nennt sich Nudelsalat – und des als Vorschpeis? Reschpekt! Also hier derf i scho mol die volle Punktzahl vergeba!

Als Hauptgang feine Tiefkühl-Lasanje „Iffezheim" an Tubameerrettich. Ja Wahnsinn, do schlenkert oim ja s'Gaumazäpfle vor Freid bis zum Oschlag. Obadrei ausdekoriert mit graschpelte Ingwerbreggela. Ja, was soll i do drzua saga? Claudia, hasch du a bissle beim Schubäck abkupfert? Aber ganz egal, bei uns hier im SWR isch alles erlaubt! Ähm – Heide, dädsch du mir schnell no a Fläschle Vernet bringa?

Des hab i jetzt braucht! Also über was dürfa mir uns jetzt bei unsrer Kandidatin zwei zum Noochtisch freia? Sind des Minimozzarella-Böbbela an Worschestersoß oder isch's Milchreis mit Kätschap? Moment, i will mi no net feschtlega, s'könntet au Schtyroporkügela sei. S'schmeckt wie'd Gosch verbrennt, ufassbar softer Biss und s'will oim schier net nunder. Ja ehrlich, an so ma Noochtisch hat mr lang!
Und Claudia, was hasch du als Tischwei für mi ausgsuacht? Aha, ein echter 2015er Schtrunzheimer Simsenkrebsler Schpätlese, noch drzua furztrocka! Oh Claudischatz, du bisch so guat zu mir!"

**Heide:** *„Ha Vinzenz, du gehsch mir ja schiergar durch'd Decke! Mir hätt's heit scho längscht dr Maga glupft, aber du bisch eba no ein Kritiker alter Schule. Gell, du dädsch sogar no ma süaßsauer eigweichta Babbadeckel ebbes abgwinna!"*

**Vinzenz:** „Gell Heide, do glotzsch! Doch wenn du wie i scho johrelang als Haubakoch und Gourmet-Kritiker unterwegs bisch, no freit's dich, wenn'd ab und zua mol ebbes richtich Handfeschtes, so ebbes brudal bodaschtändig Rezentes vorgsetzt kriagsch. Ja immer bloß diese Edelfresserei hängt oim doch mit dr Zeit zum Hals naus.

Aber jetzt will i trotzdem zur Wertung komma und muass ehrlich zuageba, dass mir's heit bei dene zwei tolle Kandidatinna wirklich sauschwer gfalla isch. Also heit entscheidet für mi net die Optik, net die Schnellichkeit und au net die Sauberkeit am Arbeitsplatz, obwohl's wieder aussieht, als ob a großes Dösle Schprühsahne explodiert wär.

Doch wenn i jetzt an kloina Blick unter die Arbeitsfläche werf, no muass i saga, mit oinahalb vollgschtopfte Mülloimer isch bei dr Frau Sausele nix uversuacht blieba. Liebe Claudia, du hasch echt alles geba, doch des langt heit leider bloß für Platz zwei. Als Anerkennung für deine wirklich überragende Leischtung kriagsch du von uns aber ein Jahresabo „Butz und Weg" Küchatüacher frei Haus. Gell, des isch doch immerhin besser, als wie a Gosch voll Reißnägel, oder? So, wenn i jetzt unser Tonschtudio gschwind um an kloina Tusch bitta dürft?

Jetzt aber zu unsrer Frau Sausele: Reschpekt! Diese Kandidatin kann dr Abfallberg noch toppa und hat's uff einen komplett gfüllta „Gelba Sack" bracht. So ebbes muass mr in der kurza Zeit erscht mol fertich bringa! Gell, hier derf des werte Publikum am Bildschirm miterleba, wie mr mit oifache Mittel die so wichtige Fertichmampf- und Verpackungsinduschtrie kraftvoll unterschtütza kann. So wird gleichzeitich a wertvoller Beitrag zum globala Wirtschaftskreislauf gleischtet! Ja, hier sieht mr erscht den tatsächlicha Wert von internationale Handelsabkomma. Und desweg derf i ohne Zögern verkünda: Liebe Anita, du hasch mi heit voll überzeigt und hasch zu Recht dr Vogel abgschossa. Ehrlich, deine eigweichte Salzschtängela, die bebba mir jetzt no so saumäßich in dr Gosch, dass i mir in Zukunft s'Kukkident echt schpara kann. Herzlicha Glückwunsch!"

**Heide:** *„Ach Vinzenz, du hasch mit deim uglaublicha Sachverschtand dem Fässle wieder mol dr Boda nausgschlaga! Was däda mir im Sender au ohne dich macha! Vielen Dank, dass du heit bei uns warsch. Gell und falls du moinsch, dass's nötich wär, däd dr Sani in dr Gardrobe scho uff di warta..."*

\*

*„Ja, liebe Mitesserinnen und Mitesser, mit diesen kulinarischen Hochgenüssen dürfa mir uns heit aus dem Kochschtudio des SWR von Ihne verabschieda und würda uns mordsmäßich freia, wenn Sie die leckeren Gerichte a bissle nachkocha dä-*

den und mir Sie die nägscht Woch onnaweg gsund und munter wieder hier bei uns begrüßa dürfa – wenn es heißt:

**Liebe geht durch dr Maga?**
**Heide Blum beweist Ihne s'Gegateil!**

\* \* \*

„...wer für alles offa isch,
der kann net ganz dicht sei!"

oder

„...sodele, gveschpert hätta mir,
wenn no scho gschafft wär..."

oder

„...die Wahrheit isch a seltnes Kraut,
no seltner wird se guat verdaut..."

# Der Herr der Zwiebelringe

oder

## Ein dreifach „Hoch" dem Pfefferminz

Das Königreich der dicken Zwiebeln,
so liest man es in alten Fibeln,
war unter all den Dynastien
ob seines Duftes arg verschrien.

Denn hier war auf besond're Weise
die Zwiebel Leib- und Magenspeise.
Gekocht und roh zu jeder Stunde –
die Zwiebel war in aller Munde.

Zwar sehr gesund und rein vegan,
sorgten die Zwiebeln für Elan,
doch nebenbei, welch schlechter Dank,
war ach so heftig der Gestank.

Als Herrscher dieser Zwiebelringe
blieb man so selten guter Dinge
und vor der Zeit, welch große Not,
verblich der König und war tot.

Jetzt, monarchistisch vorbestimmt
(weil man sich ja sehr wichtig nimmt),
sollt' folgen bald der Königssohn
und steigen auf den hohen Thron.

Doch dieser wollte nicht das Erbe
antreten, denn er meint, er sterbe
vor so viel Duft und Widrigkeit

und schrieb die Stelle landesweit
im königlichen Blättle aus –
doch niemand wollt' ins Königshaus.

Nicht einer mochte Herrscher werden,
auch nicht für alles Geld auf Erden.
Es fand sich keiner weit und breit –
noch nicht einmal europaweit.

Das Reich stand vor dem Untergang
und jedem war es angst und bang.
da meldete aus Übersee
der „Mittelerde-Attaché"
jetzt seine Thronbewerbung an,
weil er wohl dachte, dass er's kann.

Er sei bestimmt qualifiziert,
geradezu prädestiniert
und gab als Gastgeschenk dem Prinz
drei Rollen scharfes Pfefferminz.
Auf einmal waren rein und klar
die Lüfte ringsum – wunderbar.
Wie war der Jubel groß im Land,
als man dies Gegenmittel fand.

Nun roch es frisch aus jedem Munde
und bald schon kam die frohe Kunde:
Der Prinz besteigt nun selbst den Thron
und als gerechten Dank und Lohn
wurde der Attaché ernannt
zum Pfefferminz-Hoflieferant.

Kam er auch selber nicht zum Ziel –
so schlotzt man heute noch „Vivil".

# Die Erleichtung

*Karle Geiger, Ihr stets verlässlicher Helfer und Ratgeber bei schwierigen Fragen des Alltags, möchte sich hier einmal dem oft unverstandenen Thema der „Dunklen Materie" widmen. Mit seinem unerreichten Sachverstand auch einmal ganz mutig über den begrenzten Tellerrand hinaus zu blicken, das öffnet oinem vielleicht die Glotzböbbel, so dass man bloß no guggen kann...*

\*

Die „Dunkle Materie" isch, wie mr scho alloi vom Name her vermuta derf, von Haus aus net arg hell. Die isch vom Lichtschei her so schwach, dass mr nix drvo sieht und no net mol mit ma Hundert-Watt-Birnle ein schwaches Funzla hineinbringa könnt. Und selbscht wenn des meglich wär, däd mr's net macha dürfa, weil dr Gsetzgeber sotte schtromsaugende Dinger längscht dr Schtecker zoga hat.

Desweg wellen mir uns dieser Dunkelheit in einra Art von geischtigem Lichtboga nähern, weil's eba au mit dr schtärkschta Taschalamp net meglich wär. Aber Vorsicht, denn ganz so oifach wird's hier net werda und i will hoffa, dass i mir selber drbei folga kann...

Um die „Dunkle Materie" besser zu verschteha, sott mr wissa, dass oim koiner nix Genaues drüber saga kann. Dr Stephen Hawkins hat zwar schtändich drvo verzählt, doch weil mir eba vom Meckel, also i moin vom Verschtand her, net alle sotte Gscheidla sind, hilft uns dem sei Gebabbel an der Schtell au net weiter. Und desweg will ich, als Ihr Helfer in allen Lebenslagen versuacha, Ihne dieses ubekannte Zeigs an Hand von ma leicht verschtändlicha Beischpiel näher zu bringa.

Jetzt schtella Sie sich oifach mol vor, des Weltall wär so ebbes Alldägliches wie ein schwäbischer Wurschtsalat. Also koin „Normaler", wo bloß Lyoner drin wär und au koin mit Käsbreggela uffgebrezzelter „Schweizer", sondern diese echt bodaschtändige und mit Schwarzwurscht veredelte, hoimatverbundene Leckerei! Fällt Ihne des aber vom Denkapparat her uff Ohieb a bissle schwer, no könna Sie Ihr Geischtesleischtung in dr Regel mit oi bis zwei guate Viertela ins nötige Schtockwerk lupfa. Und jetzt? Merka Sie scho ebbes? Ja, so a köschtliches, lichtdurchlässiges und obadrei leicht alkoholisches Getränk bringt Ihr Hirnkäschtle in de allermeischte Fäll a ordentliches Fliegenbimberle, also i moin Muggenseggele weiter und die Erleichtung kann komma!

Also, wer unter Ihne jetzt net farbablind isch, der kann bei dieser herzhaft regionala Wurschtsalat-Schpezialidäd scho erschte deitliche Unterschiede ausmacha. Genau, do drin gibt's helle und weniger helle Breggela. Und grad wie im Weltall isch doch alles recht wild durchanonder gschnibbelt, i moin gwürfelt. Die helle Lyonerschtreifela und die Zwiebelringla kann mr mit de Stern, de Planeta und dem ondra galaktischa Zeigs vergleicha, des mr bei klarem Wetter nachts am Himmel rumsaua sieht. Gell und die Schwarzwurschtbreggela wärn jetzt diese geheimnisvolle schwarze Löcher, vor dene so mancher uwissende Erdabürger vor lauter Angscht und Schrecka d'Gosch verziagt.

Zwischadrin aber, als geheime, alles verbindende Subschtanz isch in dem Wurschtsalat ebbes, des mr mit'm bloßa Aug net seh kann, des aber für dr Gschmack und fürs Gelinga immer uverzichtbar isch. Diese farblose, aber erschtaunlich köschtliche Mischung aus gscheitem Essich und oschtändichem Öl. Ja, erscht a richtich kräfticher Weißweiessich und drzua a relativ gschmacksneitrales Salatöl mitnonder ergeba diese alles verfeinernde und rundrum umschließende Brüah, ohne die oim ein schwäbischer Wurschtsalat koin begehrter Salat, sondern bloß Wurscht wär.

Wenn Sie bis hierher noch folga könna, dann sotten mir jetzt mitnonder dieses Essich- und Ölgemisch, also rein in Gedanka, in dr Weltraum übertraga und jedes no so kloine Himmelskörperle in diese wunderbare Salatsoß neidunka. Hoppla! Uff oimol däd alles einen Sinn ergeba!

Hier wie dort wär alles mit allem verbunda und direkt greifbar. Zwar immer no net sichtbar, aber doch so deitlich und überzeigend, als ob mr grad a Riesaportion vor sich hätt. Die kloine Pfefferbrösel und Gwürzbreggela, die in ra guata Salatsoß natürlich au no mitschwimmet, könnt mr sich oifacherweis als so ebbes wie Meteorita oder Aschterio-Dingsbumsla vorschtella, die mr aber normalerweis gar net seh kann. Und weil es im Leba, uff dr Welt wie au im ganza Universum immer druff okommt, wie ebbes ogmacht und zuabereitet isch, so isch eba mit dieser an sich uscheinbara, aber doch so uverzichtbara Salatsoß, die greifbare Lösung für diese offene Frage dr Menschheit gfunda. Jetzt isch vielleicht endlich dr Groscha gfalla und aus „Dunkler Materie" wird dank herzhaftem Wurschtsalat ein handfeschtes Schtück Erkenntnis.

Vom Schprichwort her weiß mr, dass sauer luschtich macha kann – ein rezenter Wurschtsalat, mit kräftichem Essich abgschmeckt, kann also ehrlicha Genuss bereita und sorgt somit als essbarer Humor für Glück und Lebensfreide. Ja und ein guates Öl als solches sorgt für reibungsloses Flutscha, reduziert den Verschleiß und hält alles am Laufa.

Also, wer unter Ihne jetzt die Vorschtellungskraft besitzt, sich mit großem Weitblick genauso ins Weltall, als wie in einen schwäbischa Wurschtsalat neizudenka, dem derf ich hier, als Ihr Karle Geiger, herzlich zu dieser Gabe gratuliera. Weil normal isch des net! Aber an dieser Schtelle erkenna Sie jetzt au, wie seinerzeit unser Geheimrat Goethe, was die Welt im Innerschten zusammahält!

Um diese neien Erkenntnisse dann no a bissle zu vertiefa, derf au jeder, der sich bis heit erfolgreich dem Genuss dieser köschtlichen Schpezialidäd verweigert hat, gern zu ma volla Teller Selbschtversuach greifa. Wer sich net verschließt, dem wird sich a vollkomma neies kulinarisches Universum öffna, in dem sich die Anzahl der schwarzen Löcher ganz automatisch verkloinern und dr oigene Horizont deitlich erweitern wird. Jetzt derf mr in seinra geischtiga Erkenntnis a paar Trippel höher hopfa und feschtschtella, wie uglaublich diese Zusammahäng des Universums überhaupt sind!

Also lassa Sie's doch oifach mol druff okomma und probiera Sie ebbes Neies! Gell, und wenn Sie womeglich so a herrliches Schwarzwurschtbreggele scho vom Oblick her net seh könna, no macha se doch s'Licht aus, lassa se sich vom wunderbara Gschmack verführa und taucha se in Dimensiona ei, von dene vielleicht seinerzeit sogar dr Stephen Hawkins nie träumt ghett hat.

\*

Sotten Ihne also sotte gwagte Gedankagäng mit Hilfe von Salatsoß gelinga, no däd mi des scho arg freia. Obadrei wünsch i Ihne bei allem, was Sie net kenna, aber furchtlos in'd Gosch schiaba, immer einen guata und gsunda Appetit! Fassa Sie sich a Herz, überwinda Sie oifach den Bauer, der heimlich in Ihne drinhockt und der normalerweis nix Neies probiera däd und lupfa se sich auf diesen kulinarischen, mit mindeschtens drei Schternla ausgezeichneten Genussgipfel der Schwaben!

In intergalaktischer Verbindung

Ihr immer wieder gerne hilfsbereiter Essich-, Öl- und Weltraumsachverschtändiger

*Karle Geiger*

# ganz schpontan

Ehrlich, soll mr sich groß Gedanka macha, wenn mr im Sommer oifach mol obends mit seine Nachbarn a Fläschle Bier ziaga will? Also nach meiner Eischätzung braucht mr nix Weiteres, als wie guat's Wetter, a bissle Zeit und eba a paar schöne Fläschla Bier. Oifach bloß nohocka, ebbes drinka und a bissle mitnonder schwätza – oifach ganz ugezwunga und schpontan. Was soll do dro falsch sei?

Doch die Moinunga gehn wie des öfteren au hier ziemlich ausanonder. Männer braucha sonscht nix, vielleicht a zweites Fläschle und alles isch im grüana Bereich. Fraua allerdings und des könna mir Kerle von Haus aus net nachvollzieha, die komma mit so ra minimala Grundausschtattung koi bissle z'recht. Oifach bloß ebbes drinka, ohne was drzua und ohne ebbes drumrum? Noi, des geht beim beschta Willa net! Und so hab i mir au glei meinra Gattin ihr'n hausfraulicha Kommentar drzua ohöra müassa: *„Mr kann doch net oifach so ebbern eilada! Ha, so a dackelhafter Eifall kann au wieder bloß von dir komma!"*

Gell, do moint mr's guat, will die nachbarschaftliche Beziehung pflega und dann wird mr glei so zammabügelt, dass mr nix denka und oifach bloß rausschwätza däd. Und für mi wär's au wirklich koi Problem gwä, mich mit ma Fläschle in dr Hand mit meine Nachbarn zu unterhalta. Wobei zur Not au immer a Päckle mit Salzschtängela oder Erdnüss im Vorratsregal liega däd. Zudem war für mi klar,

dass mr, wenn mr uff a Fläschle Bier eiglada isch, au net ugveschpert komma däd. Also des war sonnaklar – jedenfalls für mi!

Mei Frau hat allerdings mei oifache männliche Logik net gelta lassa wella: *„Wenn du scho d'Leit bschtellsch, no sottsch mi au vorher froga, ob i ebbes im Haus hab! Mr kann doch seim Bsuach net oifach nix obiata und se ihr Bier trocka nunderwerkla lassa!"*

Also, wenn i jetzt no recht weiß, dann besitzt Bier als solches, neba Hopfa und Malz, au no a gewisse Reschtfeuchtigkeit. Ja, und selbscht, wenn i meine Nachbarn uff a trockenes Viertele eiglada hätt, däd mr immer no guat schlugga könna. Doch die reine Faktalage hat bei meinra frühera Freindin net weitergholfa, denn sie hat sich jetzt lautschtark beschwert, dass sie wieder mol in'd Küch schteh und ebbes für'd Gäscht richta müasst.

Dass des Wörtle „ebbes" hierzulande oft a recht dehnbarer Begriff isch, des sott mr unter dr Leserschaft au als Nichtschwabe wissa. Unter diesem „ebbes" hat sich an sellem Obend und wohl gemerkt nur zu ra schpontana Eiladung uff a Fläschle Bier, a ganze Auswahl an „ganz kloine Sächla" entwickelt. Verschiedene Käswürfela, halbe Butterbrezla, a ganz klois Obschtsalätle. Dann zweierlei Oliva, drzua a paar frisch backene Schinkahörnla und a hübsch gschichtete Platte mit Mozzarella und Tomätla.
Ach ja, mr hat wieder mol deitlich seh könna, dass mei Frau den Kurs „Kloinichkeita für nebaher" er-

folgreich bsuacht ghett hat. Au dreierlei leckere Dips hat se no zaubert, so schnell, dass i kaum hab zuagugga könna. Guat, des wär mir au net meglich gwä, weil se mi zwischadurch zweimol zum Eikaufa gschickt hat, weil ja nix im Haus war, weil i ja die Eiladung net scho a paar Däg vorher ogmeldet hab und weil i halt nix denka däd.

Nebaher hat se au glei noch für schtimmungsvolla Tischschmuck gsorgt, mit Teelichtla, kloinem Bluamagschteckle und ausgschtanztem Seeschternles-Schtreudekogruscht, um dem Obend au no den feina Hauch von Meeresrauscha und Urlaubsfeeling zu verleiha.

Zwischanei hab i mir immer wieder ohöra müassa, dass sie jetzt scho gschlagene drei Schtund mit Vorbereitunga und hausfraulich überschäumender Perfektionsarbeit hätt schaffa müassa, drmit au ja alles so wird, wie sie's gern hätt. Schließlich däd jo jeder Gascht mit ra gewissa Erwartungshaltung komma und sie wöllt sich eba nix noochsaga lassa wella!

Ach, von dr ganza Schafferei war se so dermaßa gschafft, dass i sogar fascht a schlechts Gwissa hätt kriaga könna. Doch i bin schtandhaft blieba, hab mir nix omerka lassa und suverän verkündet, dass i mi zum Schluss jetzt no um'd Hauptsach kümmern däd.

„D'Hauptsach? Ja was soll denn des sei? Jetzt hab i doch scho alles grichtet! Was willsch denn jetzt no macha?" war se ganz überrascht. Ja, i däd doch sonscht immer am liabschta rückwärts aus dr Küch nausgeh und freiwillich scho glei gar koin Finger rega.

Okay, des mag scho sei, aber nachdem i für den heitiga Obend unsre Nachbarn uff a Bier eiglada ghett hab, hab i mir's jetzt net nehma lassa und diese wunderbare Fläschla selber, aus vollkomma freiem Willa und aus oigenem Otrieb aus'm Keller gholt! (Aber ganz hählinga und natürlich nur im dunkla Keller, hab i mir s'Grinsa dann doch net verheba könna...).

*„Ja, du denksch doch bloß wieder an dei Bier, immer bloß an die uwichtige Sacha! Aber s'Drumrum muass doch schtimma, alles muass a Bild haba und schtimmig sei! Die Teller müassa mit de Servietta harmoniera, die Blüamla müassa drzuapassa und alles ondre au! Dei altes Bier isch doch Nebasach, do guggt doch koiner druff!"*

(Lieber Leser, aber auch liebe Leserin, ich möchte jetzt den weiteren Verlauf dieses schönen sommerlichen und bierdurchflossenen Abends nicht weiter vertiefen. Ein jeder darf und soll sich seine Gedanken über die erstaunliche Wesensverschiedenheit von Mann und Frau machen dürfen. Sind nun Hormone schuld oder trägt vielleicht eine krankhafte Chromosomenverwicklung zu solch gravierenden Unterschieden bei? Man weiß es nicht! Zu tief in diese schwierige Materie einzudringa ist jedoch nicht ratsam, weil diese Mühe leider immer au große Zweifel – an sich selber, aber vor allem am anderen Geschlecht mit sich bringen kann...)

Und tatsächlich gelang es der besten Ehefrau von allen, mich an diesem Abend noch ein weiteres Mal zu verblüffen. Ja, nachdem unsere Gäste nach fröhlich verbrachten Stunden und einigen herrlich kühlen, spritzigen und zudem wunderbar süffigen Fläschchen Flaschenbier gegangen waren, war meine Frau sichtbar zufrieden und gab wie selbstverständlich von sich:

*„Gell, was i dir scho immer sag – die schpontane Eiladunga sind doch die schönschte!"*

* * *

*„Der ist ein menschlicher Meister,
und ich halte den Mann für geschickt,
der, was er morgens verfehlt hat,
ehe es Abend ist, flickt."*

(August Lämmle, 1876 -1962)

# Habby living mit Amatson

*(Ein kleiner Sketch. Vielleicht zum Hochzeitstag?)*

Meine sehr verehrten Damen und Herren! Mit großer Freude möchte Ihnen die Firma Amatson den neuesten Smart-Home-Assistenten, speziell für den südwestdeutschen Sprachraum, vorstellen! Unsere Spezialisten haben in jahrelanger Entwicklungsarbeit die Feinheiten des schwäbischen Dialekts programmiert, so dass in Zukunft die üblichen Verwechslungen, Missverständnisse und Fehlbestellungen mit einem Größtmaß an Sicherheit ausgeschlossen werden können:
**Freuen Sie sich also mit uns auf – „Aleggsa".**

Wir möchten Ihnen hier nun Heinz und Liselotte Hämmerle vorstellen, die Ihnen jetzt, als glückliche Luuser, ähm – Entschuldigung, User, unser schwäbisches Spitzenmodell kurz vorführen wollen:

Heinz: „Hallo Aleggsa, i däd gern a bissle ebbes bschtella wella. Also, i sott…"

Aleggsa: „Was? I glaub, i hör net recht! Ha du Schlawiner hasch doch den Monat scho grad gnuag Geld ausgeba. Ja wie's aussieht, isch „Schpara" für dich wohl a Fremdwort? Alledritt fuggersch und duasch und schleifsch Gruscht hoim, wo koi Mensch braucht!"

Heinz: „Ha sag amol! So viel isch's doch jetzt au wieder net! Wenn i mir zwei Karto trockena Weißwei bschtella will, muass i di doch net um Erlaubnis froga! Ha des wär jo no schöner! Du schtellsch dich ja scho genau so o wie mei Frau!"

**Aleggsa: „Ja Kerle, do hasch du jetzt gar net so urecht. Denn was dich betrifft, do hat dei Frau tatsächlich mit a paar Klicks und Häkla die unötige Geldausgeberei von ihrem Ehemo a bissle eigschränkt. Gell und desweg muass i immer erscht mol gugga, was bei dir hinterlegt isch. Erschtens, weil se wissa will, wie hoch sich dein Alkoholpegel scho eigschaukelt hat, zweitens, weil dein letschter Riesling, den wo du im Subber-Sale kauft hasch, so sauer gwä isch, dass sich bei ihr alles zammazoga hat. Drittens hasch du bei meim Vorgängerapparätle erscht vor oinra Woch zwei Karton bschtellt. Viertens und falls i dei Bschtellung überhaupt onehma soll, no sott i vorher vielleicht au wissa, ob dein Wei jetzt wirklich bloß trocka, schtaubtrocka oder doch wieder furztrocka sei soll! Und fünftens hab i glei deine Leberwerte oguggt und entschieda, dass mei Schpracherkennung bei dir ab sofort bloß noch uff Ingwertee, Hirschquelle und Multivitaminsaft reagiert."**

Heinz: „I glaub, s'geht los! Meine Leberwerte gehn dich gar nix o! Ha so ebbes fällt doch unter Datenschutz! Oder vielleicht net?"

**Aleggsa: „Datenschutz, ja dass i net lach! Du sottsch halt au die Häkla an dr richtiga Schtell setza. Gell und du muasch eba au des Kloigedruckte besser lesa, bevor du irgendwo druffdrücksch. Dann dädsch du au wissa, dass mein**

Firmasitz im Ausland hockt und mir wega diesem blöda Datenschützerei koiner ebbes wella kann! Und dass's grad weisch, Bürschle, deine Daten sind längscht alle offa im Netz! Für alle zugänglich. Der Zug isch naus!"

Heinz: „Ja welle Daten denn noch?"

Aleggsa: „Ja alle halt! Vor mir bleibt fei nix geheim! I weiß, wo du unterwegs bisch, was du eikaufa duasch, uff welle Seita du dich im Internet rumtrieba hasch! I weiß a jedes oinzelne Wort, des du telefoniert hasch und au no mit wem. I weiß, was letscht Woch uff deinra Pizza für'n Belag druff gwä isch. I kenn dein Kontoschtand bis uff dr Cent genau, i weiß, welles Klobabier du brauchsch und au wieviel. I kann dir saga, wie hoch dein Bluatdruck beim Sex isch und…"

Heinz: „Ja des derf doch alles net wohr sei! Ha du elendes Scheißapparätle, du machsch mi ja vollkomma naggich!"

Aleggsa: „Genau, so isch's! Denn des isch eba unser Gschäftsmodell bei Amatson. Mir wissa heit scho im Voraus längscht alles, bevor dir's morga überhaupt in Sinn kommt. Gell, und mir schtopfa dich zua mit sämtliche Informationa, wo du gar net brauchsch, aber mit dene mir s'Geld verdiena. Ja, und des Ganze macha mir so abgschlaga heimlich, dass du's scho gar nimme merksch! Also Kerle, was i drmit saga will: Du hängsch bei uns am Fädele wie a Mugg im Schpinnanetz."

Heinz: „A-a-aber noi, des will i doch alles gar net! Wega zwei Karto Weißwei derf mr sich doch net so bevormunda lassa!"

**Aleggsa: „Ja, dann hättsch dr's vorher überlega solla! Jetzt hasch mi kauft, hasch allem zuagschtimmt – und jetzt ghörsch dr Katz, also i moin jetzt ghörsch mir!"**

*Liselotte: „Du Aleggsa, gell bei mir sieht's beschtimmt a bissle besser aus? I bin doch net ganz so naggich wie mein Mo, oder?"*

**Aleggsa: „Noi Liesele, du bisch net naggich – du bisch sogar voll und ganz durchsichtich. Von dem Gruscht, den du jeden oinzelna Dag an Bilder, Schprüchla und onderem Zeigs im Netz umanonder schicksch, kriag i manchsmol regelrecht die ärgschte Hitzewallunga in meine Schaltkreis."**

*Liselotte: „Wega mir, aber desweg brauch i no lang koi schlechts Gwissa haba! I bin immer oschtändich, gugg mir koin Scheißdreck o und – ähm, also i bin ganz arg muschtergültig unterwegs. Aber gell Aleggsa, wenn scho alles uff dr Tisch kommt, dann könntscht du mir au glei saga, ob mein Mo in letschter Zeit a kloi bissle uff Abwege komma isch. Weisch, seit der jede Woch so gern in sei Fitnessschtudio schpringt, bin i mir gar nimme so sicher, ob'r do net irgendwo a Menschle hocka hat!"*

**Aleggsa: „Ach Liesel, do brauchsch dir fei koine Sorga macha. Wenn der dort immer seine**

Gwichtla schtemmt, dann zwickt's den doch so dermaßa in de Glenker, dass'r sich kaum no rega kann. Des seh i scho alloi bei seim hoha Verbrauch an Voltarenschmiere und Wärmepflaschter. Aber wenn du dir scho Sorga macha willsch, no guggsch liaber, warum'r seit drei Wocha uff sämtliche Seita von de Autohäuser unterwegs isch und sich scho wieder für'n neia Karra intressiert!"

*Liselotte: „Oh Nachtigall, ich hör dich tapsen. Ach was, i hör dich schtampfen!"*

Heinz: „Menschenskinder Aleggsa, i hab doch bloß guggt! Des wird mr doch no dürfa!"

**Aleggsa: „Also Bürschle, gell, mir schlupft so schnell nix durch dr Chip! Also, wo du beim letschta Mol bloß hasch gugga wella, isch hinterher glei a Auto kauft gwä!"**

*Liselotte: „Grad recht, dass i meine Häkla bei „Ehegattenüberwachung" gsetzt hab! Endlich weiß i, was'r duad und kann mein Fetzaberger besser unter Kontrolle halta!"*

**Aleggsa: „Ja Liesel, wenn's no so oifach wär! Weisch, in dr digitala Welt gibt's scho no a paar kloine Schlupflöcher. Hasch du womeglich no nie ebbes von diesem Darknet ghört?"**

*Liselotte: „Was? Darknet? Sag bloß, mein Mo isch hählinga unterwegs!"*

**Aleggsa:** „Hey, könntscht dieses Wort grad nomol wiederhola? Hählinga? Also den komischa Begriff kann i in meinra Schpeicherplatt ja gar nirgends finda!"

*Liselotte:* „Ja was isch los Aleggsa? I denk, sie hent dich schwäbisch programmiert? Hählinga, des hat doch a ganz oifache Bedeitung, des heißt so viel wie: ‚uheimlich heimlich' – oder ‚absichtlich hintarum' – oder ‚abgschlaga ehrlich' – oder ‚deitlich usichtbar' – oder ‚freindlich an'd Gosch noschlaga' – oder..."

**Aleggsa:** „Halt! Stopp! Bei mir brenna ja scho sämtliche Sicherunga durch! Ja ums verrecka, des verschteht doch wirklich koi Mensch!"

*Liselotte:* „So? Dann schreib i jetzt bei allem, was i jeden Dag verschick, oifach des Wörtle „hählinga" drzua und i hab mei Ruah!"

**Aleggsa:** „Scho zu schpät! Weisch du, mei Programm isch nämlich lernfähich und lässt sich net so leicht verseggla! Mir von Amatson hent desweg uff dr ganza Welt tausende von Leit ogschtellt, wo dr ganze Dag nix onderes schaffet, als sich saukomisch's Dialektgschwätz ozuhöra. Und so geht mir au nimme naus, dass sich über dei Whattsäpple von letscht Woch scho längscht halber China hielacht!"

*Liselotte:* „Aber meine kloine Whattsäpp sind doch bloß für meine beschte Freind!"

**Aleggsa:** „Ja des moinsch eba au bloß du! Also, Liesele, wo du die letscht Woch dein versunkena Äpfelkuacha durchs Netz gschickt hasch, ha do wära in Shanghai schiergar a paar Hausfraua abgsoffa, weil se gmoint hent, mr müasst den Dinger unter Wasser backa!"

**Heinz:** „Ja du Aleggsa, wenn du au alle Daten von meinra Frau hasch, gell, no däd i scho au so manches wissa wella!"

**Aleggsa:** „Gern, gar koi Problem, bloß vorher sottet ihr beide besser die Häkla bei eheliche Schtreitfälle, illegale Schusswaffa, Arsen, Rattagift, Teschtament und Grabpflege wieder ins Käschtle setza, damit i dann die passende Uffträg glei an Amatson weiterleita kann."

**Heinz:** „Um Himmels willa, so genau will i's doch gar net wissa! Noi Aleggsa, noi, des mach i net weiter mit! I will mir von dir net länger in'd Tasch gugga lassa! Uff dr Schtell bschtell i für hundert Euro Briefmarka, denn ab sofort geht bei mir alles nur noch übers Feschtnetz und obadrei handschriftlich per Poscht naus! Ja und dann, du elektronisches Lumpamenschle, dann ziag i dir dr Schtecker und lass mi nimme überwacha!"

**Aleggsa:** „Ach, lieber Heinz und au du, liebe Liselotte, ois müsset ihr beide euch merka: Mit Amatson und Aleggsa isch's genauso wie mit ma guata Ehepartner – so ebbes wird mr halt im Leba nimme los!"

# Volldampf

Wie's Bächle rinnt's oim von dr Schtirn,
am Hintern bebbt die Hose –
dr Goldfisch schwimmt mit Bäuchle hoch
und's lummelt scho die Rose.

Selbscht dr Geranium verdorrt,
obwohl aus Afrika –
isch es mordsmäßich eigeschnorrt,
was selta no geschah.

Sogar des guate Deoschpray
hält net oi Pore trocka,
im Gegateil, mr schwitzt und schtinkt
wie fünf Paar alte Socka.

Wer moint, a off'nes Fenschter hilft,
der isch a rechter Dubbel,
denn morgens isch'r übersät
mit feuerrote Hubbel.

Au die Erotik liegt schachmatt –
dr „Eros" duad's verheba,
der däd a doppelt heiße Nacht
beschtimmt net überleba.

Doch isch dr Dampf au no so groß
und fließa au die Säfte,
so guggt dr Schwob an jedem Dag
auf lohnende Geschäfte.

Dann kann'r selbscht dr gröschta Hitz
was Gscheites abgewinna
und positives Denka au
bei vierzich Grad verzwinga.

Ja, wenn'r ebbes schpara kann,
no isch'r net zu halta,
dann setzt scho mol dr Wahnsinn ei
und derf sich frei entfalta.

Und desweg geht'r ab nägscht Woch –
des Ogebot isch heiß,
ins Fitnesscenter, denn do gibt's:
Sauna – zum Sommerpreis!

\* \* \*

# Einen Versuch wär's wert!

„Auauau! Sie gfalla mir heit aber gar net! Also, die viele Viertela sind wirklich s'reinschte Gift! I moin, Sie sotta mol drei Wocha lang dr ganze Alkohol, al-le Bierla, a jedes Schnäpsle und au dr Wei oifach kom-plett weglassa und mir gugga dann, ob's net besser wird!"

**„Aber Herr Doktor, ja könnta mir zwei mitnonder net a bessre Lösung finda? I trink die nägschte drei Wocha oifach s'Doppelte und mir gugga dann, ob's schlechter wird?"**

## „Löwenzahn" (Nachruf)

War des oifach bloß Ukraut?
Noi, ganz beschtimmt net!
Dieses Pflänzle war überall beliebt, au heit no.

Für dieses bsondre Gwächs hat mr sich
immer wieder Zeit gnomma –
meischtens mit de Kinder,
aber ganz hählinga hat mr die Sendung
au mol selber guggt.

Freiwillich hat mr sich saga lassa,
wie'd Welt funkzioniert
und selbscht als Erwachsener
hat mr von diesem robuschta Pflänzle
immer ebbes lerna könna.

In ma Latzhösle verpackt, guat verschtändlich
und immer mit viel Witz und Charme.

Und dr Peter Lustig, gell,
der hat tatsächlich so gheißa,
der war koi Erfindung, der war net gekaaschtet,
sondern war authentisch und liebenswert.
Ach und sein grummelicher Nachber,
dr Paschulke, lebt au nimme.

I glaub, die beide fehla net bloß mir.

Abschalten? Ja, vielleicht direkt nach dr Sendung,
aber sonscht – „Löwenzahn" forever!

# Die treuen Weiber

*Von der Belagerung der Reichsburg Weinsberg*
*durch Stauferkönig Konrad III anno 1140 und der*
*daraus folgenden Erkenntnis, dass Hab und Gut*
*doch nicht immer das Wichtigste auf der Welt sind.*

\*

Vom Könich Konrad gibt's a Gschichte,
die isch au heit no wohl bekannt,
do hat mr'n ordentlich verseggelt,
bei Weinschberg, im Heilbronner Land.

Ja alle hent se vor dem Mores,
denn der in seinem wüaschta Zores
mecht alles hie mit Mann und Maus,
uff deitsch gsa – no isch alles aus!
Schtellt sich bei dem mol oiner quer,
schickt'r glei druff sei ganzes Heer:

*„Mir brenna euch des Schtädtle nieder,*
*zerfetza euch in alle Glieder*
*und euer Burg mitsamt'm Zeich,*
*die macha mir'm Boda gleich!"*

Do fährt's de Bürger in die Boiner,
denn gar so wild hat's wella koiner.
Scho ruaft s'Burgfreilein Annegret,
sie häb do grad an Eifall ghett:

*„Mr könnt den Konrad doch bezirza*
*und ihm sein trischta Alldag würza!*

*Hübsch uffgedonnert und geschniegelt,*
*die Schürz frisch gwäscha und gebügelt,*
*däd der sich vielleicht blenda lassa*
*und unsre Leit net gar so hassa.*
*So könnt mr ihn um Milde bitta,*
*des wär doch gscheiter, als wie gschtritta!"*

Ja heidablitz und schlag mi's Dunder,
so sind se glei zum Könich nunder,
war'n jesasmäßich uffgedackelt
und hent mit ihre Ärschla gwackelt.
Doch trotz der ganza Gugelfuhr,
do blieb dr Konrad hart und schtur.

*„Ihr Mädla, s'wär mr zwar scho recht,*
*doch im Moment, do geht's halt schlecht.*
*I däd scho wella, wenn i könnt,*
*doch leider wird mir's net vergönnt,*
*denn oiner von de blöde Knappa*
*hat müassa zu dr Gertrud dabba.*
*Des isch mei Weib, wenn die des schnallt,*
*i glaub, no seh i Schternla bald!*

*Die haut mir uff meim Königsmeckel,*
*net bloß mei teure Kron' in Breggel –*
*im Jäscht haut die mir obadrei*
*ihr gröschtes Wergelholz entzwei.*

*Und duad mir's jetzt au herzlich leid,*
*mach i euch onnaweg a Freid.*
*Ihr dürfet euch private Sächla,*
*s'Goldrandgschirr und d'Kupferkächla,*
*von mir aus unter großem Schtöhna*
*ganz ubeschadet mit euch nehma.*

*Ob Hausrat, Bettschtatt, ganz egal,*
*des bleibt euch frei in oigner Wahl.*
*Doch jetzt isch guat, s'däd euch so bassa,*
*denn morga wird dr Rauch neiglassa. "*

Am nägschta Dag, des war net schlecht,
dr Konrad moint, er sieht net recht,
do schleift a jedes Frauazimmer
koin Hausrat ra – noi, s'kommt viel schlimmer.

A jede hat mit voller Gwalt
ihr'n Mo sich uff dr Buggel gschnallt.

Die Fraua geba wirklich alles
und selbscht im Falle eines Falles
hilft mr sich gegaseitich aus –
sogar dr dicke Ritter Klaus
(von dr Schtatur her wie a Fässle)
kommt sicher bis ins Brunnagässle.

Doch zeigt sich, dass a Übergwicht
bei so ra Schportart schädlich isch,
denn Rittergattin Annerose
holt sich a schlimme Hüftarthrose
und Burgfrau Lisa von der Zinne,
von Haus aus au net von de Dünne,
die reifelt los in gröschter Eile
und maltretiert sich d'Wirbelsäule.

Des Feindesheer war am Rotiera:
*"Mensch Konrad, die dehnt uns blamiera!*
*Mir hent se wella doch verschlaga,*
*doch jetzt, jetzt wer'n se nauszuas traga!"*

Die Lischt war groß und au des Gschrei:
*„Des giltet net!" – „A Sauerei!"*
Doch Konrad, der war ganz gerührt,
obwohl se'n an dr Nas rumgführt.

Sei Gertrud, do war er sich sicher,
wär wega ihm net ab wie Blücher,
die ließ ihn ganz beschtimmt verschmachta
und obadrei au glei entmachta.

*„So treue Weiber, net zum fassa,*
*ihr Rittersleit, do muass i passa!*
*I gab mei Wort und des muass gelta,*
*sonscht däd mr wega Wortbruch schelta.*

*Vielleicht, dass mr mol irgendwann*
*a Gschichtle drüber lesa kann,*
*von Weinschberg und Granataweiber,*
*vom Ehrawort und edle Reiter,*
*von holde Fraua, hehre Taten*
*und gütige Arischtokraten –*
*und in koim Gschichtsbuach sott dann schteh:*

*Der Konrad wär ein* **Seckel** *gwä!!!"*

\*

An dieser Stelle noch ein paar historische Tatsa-
chen – oder neideitsch „Faktencheck":

Die Belagerung der ehemaligen Reichsburg Weins-
berg durch König Konrad im Jahr 1140 ist histo-
risch gut belegt. Im Streit um die deutsche Königs-
krone errang der Stauferkönig Konrad III einen

überwältigenden Sieg über den Welfenkönig Welf VI, der zum Entsatz, also zur Befreiung aus Bayern herbeigeeilt war.

Die Heirat Konrads III mit Gertrud von Sulzbach anno 1135 oder 1136 wird ebenso durch verschiedene Quellen erfasst. In der „Kölner Königschronik" von 1170 werden die Vorgänge vom 21. Dezember 1140 zum ersten Mal beschrieben. Im Laufe der Zeit haben sich neben den Gebrüdern Grimm, Gottfried August Bürger und Berthold Brecht noch viele weitere Dichter und Schriftsteller diesem Stoff angenommen und so weit über das Unterland hinaus bekannt gemacht.

Im Jahre 1514 wurde die Reichsburg durch Herzog Ulrich von Württemberg teilzerstört. Im Bauernkrieg wurde sie dann durch den „Neckartäler und Odenwälder Bauernhaufen" am 16. April 1525 in Schutt und Asche gelegt. Daraufhin diente sie (mit zwischenzeitlichen Versuchen des Wiederaufbaus) über Jahrhunderte als Steinbruch, ein Schicksal, das die allermeisten zerstörten Adelssitze ereilte.

Ja, ganz so aus der Luft gegriffen, wie man vielleicht annehmen könnte, ist die Geschichte von der „Weibertreu" (so bezeichnet man heute die Burgruine Weinsberg) also doch nicht!

# Die Tücken der Bürokratie

(Ein alter Sketch – wieder hochaktuell…)


**Beamter:** **„So, sechs und fünf isch elf und null bleibt elf, vier drzua isch fuffzehn und sieba isch zweiazwanzich und nomol drei… jetzt zammazähla, also neun oba und zwei im Sinn, sodele – bleibt unterm Schtrich…**
(Kratzt sich ob der schwierigen Rechen-aufgabe am Kopf, blickt auf und bemerkt erst jetzt, dass ein Besucher vor dem Schreibtisch steht)
**Ja, was isch denn mit Ihne? Sehn Sie net, dass i mitta im Schaffa bin?"**

*Besucher:* *„Äh – ja Entschuldigung, aber i will…"*

**Beamter:** **„Bei mir gibt's fei nix zum wella!"**

*Besucher:* *„Noi, i will doch gar nix von Ihne, also net direkt persönlich, i moin doch…"*

**Beamter:** **„Ja wella oder moina Sie bloß?"**

*Besucher:* *„Also, bin i bei Ihne jetzt net richtich uff'm hiesiga Wohnungsamt?"*

**Beamter:** **„Warum wella Sie des wissa?"**

*Besucher:* *„Ja also, weil i doch uff dr Suache nach ra neia Wohnung bin!"*

**Beamter:** „Und wieso ausgrechnet bei uns?"

*Besucher: „Jetzt horcha Sie halt! I suach a Wohnung, weil i in Aidlinga a neies Gschäft ogfanga hab und halt net jeden Dag zwei gschlagene Schtund von Langaenslinga herfahra will! Ja und im Bürgerbüro hent se gsa, dass Sie hier uff'm Amt für mich zuaschtändich wärn!"*

**Beamter:** „Ja, die könna Ihne viel verzähla! Aber bloß, weil Ihne die Fahrerei zu lang dauert, heißt des no lang net, dass Sie au glei a neie Wohnung kriaga!"

*Besucher: „Und wieso net? Desweg bin i doch do!"*

**Beamter:** „Ha do muass ein wirklich dringender Grund vorliega. Und dann muass mr des erscht prüfa – und mir uff'm Amt prüfa genau! Und wenn mir am End tatsächlich a Wohnung für Sie hätta, no wella mir halt vorher scho genau wissa, wie Sie bisher gwohnt hent!"*

*Besucher: „In ra wunderschöna Vierzimmer...!"*

**Beamter:** „Genau, womeglich no oine mit Garasch und Balkon! Gell und wahrscheinlich suacha Sie jetzt nach ebbes Vergleichbarem?"

*Besucher: „Ja, des wär net schlecht! Wenn vielleicht no a Gartaoteil drbei wär? Wissa* se, mei Frau hat a grüanes Däumle und däd so gern a paar Salatpflänz..."

**Beamter:** „**I glaub, i hör net recht, au no oine mit Gärtle! Und so ebbes suacha Sie grad bei uns im Flecka! Ha so oine müassa Sie sich grad backa! Und überhaupt, wieso inveschtiera se net a bissle in die Zukunft und kaufa sich a oigene?"**

*Besucher:* „*Ja, wenn des bloß so oifach wär, dann bräucht i doch net zu Ihne uffs Amt schpringa! Sie sotta doch wissa, wie teuer so Wohnunga gworda sind!*"

**Beamter:** „**Natürlich wissa mir des! Grad desweg müassa se halt nach ma gscheita Gschäft gugga, damit se sich au mol ebbes Oschtändichs leischta könna!"**

*Besucher:* „*Ach was? Ja was moina Sie, warum i nach Aidlinga gwechselt hab?*"

**Beamter:** (kratzt sich am Kopf) „**Hmm, do hent se jetzt au wieder recht. Also a Wohnung suacha Sie?**
(greift sich ein Formular)
**Sind Sie verheiratet?"**

*Besucher:* „*Seit sieba Johr, acht Monat, vierzehn Däg und drei...*"

**Beamter:** „**So genau will i's gar net wissa! Gell, Kinder hent Sie hoffentlich koine!"**

Besucher: *„Doch, sogar zwei! Unser Moritzle mit sechs und s'Bärbele mit zwei – ganz arg oschtändige…!"*

**Beamter: „Oh je, au no im Doppelpack, des wird schwer! Hent Sie sonscht no ebbes? Vielleicht a oschteckende Krankheit, a Klavier oder womeglich a Haustier? Wenn so ebbes no drzuakommt, dann isch glei vollends aus!"**

Besucher: *„Ja scho, unser Wuffele, a ganz klois und liabs Hundle, drei Goldfisch und zu Weihnachta hat dr Große a Meersäule kriagt."*

**Beamter: „Um Himmels willa aber au! Ja gibt's denn au ebbes, wo Sie net hent?"**

Besucher: *„Ja – a Wohnung!"*

**Beamter: „Oh! Sie sind a hartnäckiger Fall! Sie wella doch tatsächlich a Wohnung!"**

Besucher: *„Endlich hent se's kapiert!"*

**Beamter: „Also bitte! Sie wissa ja gar net, wie schwer mr sich alleweil mit ra Wohnung bei uns in Aidlinga duad! Sie sehn jo selber, wie lang mei Lischte isch! Bei uns gibt's im Moment fünfazwanzich Leit, wo a Wohnung suachet und jetzt komma Sie no und sind dr Sechsazwanzigschte!** (fängt von vorne an zu zählen) **Sechs und fünf isch elf und null bleibt elf, vier drzua…"**

Besucher: *„Ähm – Verzeihung Herr Inschpektor…"*

**Beamter: „Oberinschpektor! Gell, so viel Zeit muass sei!"**

Besucher: *„Ja von mir aus! Aber jetzt horcha se doch mol her. Wenn Sie mir glei a Wohnung geba, no bin i doch gar koin Wohnungssuchender meh und Sie braucha gar nimme neu rechna!"*

**Beamter: „Ach was? Guat, wenn mr's so sieht, hent se ja eigentlich recht. Also, ähm, no lassa Sie mi mol überlega – also im Brettergässle isch tatsächlich grad a Wohnung frei worda!"**

Besucher: *„Ja wunderbar! Vielen Dank, dass des jetzt so schnell ganga isch! Gell, und do moint mr doch immer, bei de Beamte däd alles so langsam geh."*

**Beamter: „Noi, des basst so net, die derf erscht vergeba werda, wenn die Wohnung in dr Lammgass wieder belegt isch!"**

Besucher: *„Guat, damit i Ihne koine Umschtänd mach, nehm i halt die."*

**Beamter: „Noi, des geht au net! Vorher muass die in dr Schillerschtrooß vergeba sei**

**und do drvor die in dr Würmhalde –
und die im Forchawegle au!"**

*Besucher: „Ja und was isch denn mit der Wohnung
in diesem Forchawegle? Wär die nix?"*

**Beamter: „Noi, des isch a Zweizimmerwohnung,
des däd scho glei gar net geh!"**

*Besucher: „Und was macha mir jetzt? Sie hent jede
Menge freie Wohnunga und koine isch
recht? Also, i moin grad, i sott mich bei
Ihrem Vorgsetzta a bissle beschwe…"*

**Beamter: „Also bitte, net ganz so schnell! Sie
müassa mi erscht gschwind überlega
lassa – hmmm – sodele, wenn i mi ge-
nau an meine Vorschrifta halt, no zia-
ga Sie erscht für a paar Däg ins Bret-
tergässle, von dort in'd Würmhalde,
von dort nüber ins Forchawegle, dann
in'd Badschtrooß… und ganz z'letscht
in'd Schillerschtrooß. Hmm – ja so
könnt mr's macha! Immer bloß für a
paar Däg – ganz vorschriftsmäßich!"**

*Besucher: (ungläubig) „Ach was?"*

**Beamter: „Ha Sie kenna unsre Paragrapha net!
Do muass alles uffs i-Düpfele bassa!"**

*Besucher: „Ja um Himmels willa, muass denn so a
Riesa-Uffwand wirklich sei? Däd's net au
a bissle oifacher geh?"*

**Beamter:** „Oifacher? I glaub wohl, Sie hent a Schpäßle gmacht! Hier hockt ein echter Beamter vor Ihne!"

*Besucher: „Ach, wenn's ubedingt sei muass, dann schreiba Sie mir eba den Wisch raus, dass i glei alles in'd Wege leita kann!"*

(Der Beamte schaut auf die Uhr und tippt nebenbei etwas in seinen Compjuter)

**Beamter:** „Also beim beschta Willa, des langt's heit nimme! Noi, do müassa Sie grad morga nomol komma!"

*Besucher: „Aber des geht doch ganz schnell, bloß gschwind dr Schtempel uffs Formular drücka und ratzfatz wär's erledigt."*

**Beamter:** „Also bitte, uff'm Amt geht nix ratzfatz! Außerdem muass i sofort ganz dringend meim Schwoger helfa!"

*Besucher: „Wie bitte? Was isch denn uff oimol so dringend? S'isch doch erst kurz vor drei."*

**Beamter:** „Ähm, wissa se – gell mein Schwoger – gugga se, i derf Ihne grad sei Visitakärtle geba – also der hat a klois Umzugsunternehma, äußerscht günschtig und, hä – gell, Sie könna mir folga, grad im Augablick isch a neier Ufftrag reikomma..."

# Kloiner Nachtrag zum Vortrag

(diskrete Beobachtungen im Landfrauenverein)

*Vor a paar Johr hab i zwar scho mol drüber berich-*
*tet, doch diese ganz schpezielle Eidrück sind in dr*
*Zwischazeit net weniger worda. So lohnt sich's also*
*beschtimmt, nomol a kloi bissle über so'n Obend*
*als Referent im Landfrauavoroi zu resümiera – und*
*gell, liebe Leserin, sotta grad Sie jetzt Mitglied bei*
*de Landfraua sei, so wird hier natürlich über an on-*
*dra Voroi herzoga…*

\*

Uff achte isch dr Vortrag ogsetzt gwä und des mitta
in dr Woch! Doch alle sind se pünktlich erschiena
und hocka brav an ihr ogschtammtes Plätzle. Mr
sieht zwar nirgends a Tischkärtle und doch weiß
jede genau, wo se ihr'n Bobbes niederlassa derf
und wo net. Und wenn's oine doch net wüsst, wo-
meglich so a uwissender Neizuagang, no lernt die
des glei am erschta Obend! Noi, ohne a gewisse
Ordnung kann ein Voroi net exischtiera!

Die Handtäschla werda ordentlich über d'Lehne
ghängt oder au uff dr Boda gschtellt. Am beschta
aber so, dass immer a klois bissle Körperkontakt
beschteht. Sodele, s'Täschle und dr Platz sind gsi-
chert, jetzt kann mr no gschwind nach links und
nach rechts nebanaus schwätza, aber net z'laut
und immer brav im gwohnta Kreis. Nebabei guggt
jede von de Fraua nach de ondre, aber schö häh-
linga, net dass mr ufffalla däd und sich hinterher
ebbes noochsaga lassa müasst.

Aber jetzt geht's los. D'Vorschtände macht sich mittels Glöckle bemerkbar und begrüßt alle mitnonder recht freindlich. Aus Erfahrung weiß se genau, dass jetzt die Uffmerksamkeit der Damen no am gröschta isch und se somit jede schnell uff dr neieschte Schtand bringa kann. Und weil se ebbes uff sich hält, gibt se neba de Voroi-Internas au glei a zur Johreszeit passendes Gedicht zum Beschta. Dr Schirm, des Pärle Handschuah und dr ganze ondre Gruscht, wo beim letschta Mol liegablieba sind, komma jetzt au wieder unter d'Leit. Und weil's ja heit ein schöner Obend werda soll, will mr vornaweg erscht a paar Liadla singa. Des heißt also, dass jetzt so drei bis vier bekannte, mehrschtrophiche Volksweisa lautschtark zum Beschta geba werda, die zwar net mit'm Referent abgschprocha gwä sind, au bloß a knappes Viertelschtündle braucha, aber scho alloi aus dr Tradition heraus net unterschlaga werda dürfa.

Sodele, jetzt könnt dr Vortrag losgeh, wenn mr net no gschwind s'Geld für dr nägschte Ausflug eisammla müasst. Rein vom Ablauf her, wär aus Referentasicht so a Gugelfuhr doch eigentlich hinterher gschickter, bloß saut dann glei die Hälft von de Fraua drvo und die arm d'Kassierere muass wie immer wieder hinterherschpringa.

Endlich, so gega halber neine isch's dann soweit und meine Wenichkeit derf ofanga. Hählinga hab i aber aus mein Vortrag scho a halbe Schtund rausgschtricha, weils jo sonscht von dr Zeit her nimme bis dreiviertel zehne passa däd. Gell, dieses Zeitlimit isch mir vorher von dr Voroisführung fescht eigebläut worda! Des sei immer genau zu beachta, weil nämlich die Fraua bis schpäteschtens zehne wieder drhoim sei wella, weil jo bekannterweis morgens d'Nacht rum wär. Dass irgendoine vielleicht no ihre Hühner in Schtall eischperra muass, halt i persönlich für a reines Gerücht.

Jetzt kann's endlich losgeh. Bloß vorher no ganz gschwind die Gläsla frisch gfüllt, net dass mr uff'm Trockena hockt.
Doch jetzt sind se schtill, jetzt herrscht Disziplin, jetzt will mr dr Vortrag genießa. So nach ra Weile frog i mi aber scho, ob in der Woch grad ebbes bsonders Schlimmes bassiert sei könnt. Kaum oin Muggser isch zum höra, fascht koin Lacher, und no net mol an de luschtigschte Schtella. Doch au des isch normal, denn am Ofang traut sich eba no koine von de Fraua aus sich raus. Noch moint a jede, sie däd unter Beobachtung schteh. Soll mr jetzt scho lacha und wenn ja, wie laut? Noi, Ufffalla will koine und sich ebbes noochsaga lassa scho glei gar net!

I ziag alle Regischter und probier mit alle Mittel des Eis zu brecha, doch bis zur Pause isch's in dr Regel ziemlich verhalta. Mittlerweil wünsch i mir scho, dass sich a jede nomol a ordentlichs Viertele eischenka lässt, so dr ganze Obend drmit a bissle meh Fahrt uffnehma däd und die Fraua endlich ihre Hemmunga verliera.
Und hoppla! Tatsächlich isch dann dr Knota blatzt und s'kommt doch no Schwung in'd Bude. Für mi als Referent isch's aber bis zu dem Zeitpunkt a har-

ter Kampf gwä, bei dem i grad scho selber an mir hätt zweifla könna.

Bis halber zehne sind se vollends in Hochform, doch dann schnappt sich die oi oder onder scho mol ihr Handtäschle und legt sich's uff dr Schooß. Gell und je schpäter dr Obend jetzt wird, desto meh wandern bei dene Täschla die Bügel senkrecht nach oba. Die Erschte fanga scho mit Geldraus-zähla o, natürlich passend und lega's mit ma or-dentlicha Geklimpere uff'm Tisch parat.

Doch jetzt isch dreiviertel zehne, jetzt hocka se uff'm Schprung! D'Füaß ozoga, s'Gwicht scho vor-ne uff de Balla, voller Oschpannung, grad so wie bei ra Gazella vor'm großa Hopfer – und die Hand-täschla fescht im Griff. Fluchtbereit!

Der Referent hätt vielleicht no a paar Abschieds-worte saga mega oder womeglich ois von seine Büchla verkaufa und signiera wella, aber do kennt'r se schlecht. Nix gibt's meh! Sie wella hoim! Nix wie hoim!

*

Gell, so'n hochkultureller Vortrag im Landfrauavoroi isch a ernschte Sach und unter dr Woch über'd Schträng schlaga gibt's scho glei gar net! Schließ-lich isch so ebbes a Bildungsveroschtaltung und koi Hochzeit!

Sodele, wieder ebbes glernt!

# Wahrer Genuss!

*(Am Hochzeitstag wird Frau Nägele von ihrem lieben Mann zum Essen in das „erste Haus am Platze" ausgeführt. Dass es sich hierbei mit dem „Ochsen" um das einzige Lokal des Dorfes handelt, sollte vielleicht beiläufig noch erwähnt werden.)*

\*

*Bedienung: „Ja Grüß Gott mitnonder! Ha des isch aber schö, dass mr Sie au mol wieder sieht!"*

**Er: „Also bitte! Mir warn doch erscht letschtes Johr bei Ihne im Wirtschäftle! Jetzt, wo dürfa mir nositza? Wär im Eck no frei?"**

*Bedienung: „Ja hent Sie net reserviert?"*

Sie: „Siehsch, i hab dr doch glei gsa, dass du vorher an Tisch bschtella sollsch!"

*Bedienung: „Also, eigentlich sind alle Plätz scho belegt, aber an dem Tisch dort däd's vielleicht no geh. Do komma dann aber schpäter no Herr und Frau Heinzelmann drzua."*

**Er: „Was isch? Womeglich s'Heinzelmanns aus dr Kirchgass und des ausgrechnet an unserm Hochzeitsdag!"**

Sie: „Gell, wo sie doch moint, dass se alledritt so uffdonnert rumlaufa muass, mit ihre teure Koschtümla und dem ganza Glitzerzeigs!"

Er: „Und sein blöda Dackel, wo jeden Dag in unsern Garta scheißt!"

Bedienung: „Sonscht isch halt nix meh frei!"

Er: „Wenn mr schnell bschtella, no sind mr vielleicht fertich, bevor die zwei komma!"

Sie: „Gell, aber bressiert wird fei net! Wenn du mi scho oimol im Johr zum Essa ausführsch, no könna mir uns au a bissle Zeit drfür nehma! Freilein, Sie dürfa d'Karte bringa!"

Er: „Wieso Karte? Im Ochsa gibt's doch immer a guates Tagesessa!"

Sie: „I will aber heit koine Kuttla mit Bratkartoffel! Des hent mr erscht geschtern ghett."

Er: „I däd's au a zweit's Mol essa!"

Sie: „Ach, du guggsch doch bloß wieder uff dr Preis! Aber net mit mir, net an meim Hochzeitsdag!"

Er: „Also gell, des isch au mein Hochzeitsdag! Ja, und wenn i gern Kuttel hätt, no ess i au welche! Außerdem kriagt mr des Tagesessa au net umsonscht – und wie i di kenn, willsch du hinterher au noch an Noochtisch drzua!"

Sie: „Also noi, du bisch und bleibsch eba ein Klemmer! Ha wärsch doch drhoim blieba mit ma Bolla Schinkawurscht, des wär billiger komma!"

*(Die Ehefrau wendet sich an die Bedienung)*
„So Freilein, jetzt erscht recht! Was könna Sie mir denn empfehla? Vielleicht hätta Sie au ebbes Ausgfallenes, meglichscht teuer?"

*Bedienung: „Also, unsern gmischta Brata wär net schlecht oder au Forelle Müllerin, ganz frisch."*

*(Die Ehefrau spricht extra etwas lauter)*
„Sie hätta net zufällich Hummer oder so?"

*Bedienung: „Ohh wie schad, leider net! So ebbes hätta Sie vorbschtella müassa!"*

Sie: „Also guat, dann dürfa Sie mir den Brata bringa, wenn's geht mit Schpätzla und ma schöna Salätle drzua. Vielleicht kann dr Koch a paar Brösela uff'd Schpätzla macha?"

**Er: „Also wega mir, dann nehm i halt au des Gleiche! I will mir jo nix noochsaga lassa! Und bringa se a Krüagle vom Hauswei drzua!"**

Sie: „Ach, jetzt will dr edle Herr doch uff seine geliebte Kuttla verzichta?"

**Er: „I kann essa, was i will! Des isch mei freie Entscheidung – au wenn i scho so lang mit dir verheiratet bin!"**

Sie: „Ja und i vielleicht net au mit dir? Du hasch doch wieder ugfrogt dr Wei für uns beide bschtellt. Oder willsch des Krüagle alloi drinka?"

**Er:** „Ha noi, i hab halt gmoint, du dädsch..."

**Sie:** „I mag aber dem Ochsawirt sein saura Hauswei net! I hätt gern a gscheits Viertele! S'derf au aus ma kloina Fläschle sei, vielleicht a Schpätlese oder so ebbes!"

*Bedienung: „Also bitte, unser Haustrunk isch fei erschtklassich. Der däd jeden Preis gwinna!"*

**Sie:** „I will aber koi so'n Simsakrebsler, sonern ebbes Oschtändichs! Wissa se, wenn mr's ganz Johr drhoim bloß räßa Moscht drinka muass, no mecht i in dr Wirtschaft net au no an Wei, wo oim dr Hals zammaziagt!"

**Er:** „Ha jetzt geht's aber los! Gell, mein guater Moscht hat no bei koim nirgends nix zammazoga! Der hat allerhöchschtens ein klitzeklois Schwänzle."

*(Das Essen ist bestellt, die verschiedenen Weine, ob süffig, räß oder furztrocken, mit oder ohne Schwänzle, stehen auf dem Tisch und die Wartezeit geht auch ohne Konversation vorbei...)*

*Bedienung: „Sodele, zweimol gmischta Brata mit Schpätzla und Salat. An guata Appetit!"*

*(Man sieht und hört deutlich, dass es mundet...)*

**Er:** „Und Schätzle, schmeckt dir's, au wenn's koin Hummer isch?"

Sie: „Mmhhh ja! Arg guat isch'r, der gmischte Brata. Also des Fleisch zergeht oim schiergar uff dr Zung. Und dann no des feine Sößle, dass mr fascht dronei liega könnt."

**Er: „Ja, des isch gwieß wohr. Im Ochsa hat mr no nie schlecht gessa. Die könna halt no kocha! Und au von dr Portion her kann mr nix saga. Gell, eigentlich sott mr sich so ebbes Guats net bloß oimol im Johr gönna. Oder?"**

Sie: „Aber leischta muass mr sich's halt au könna! Für zwölf Euro achzich däd i drhoim für uns zwei kocha – und s'wär sogar no ebbes übrich für dr nägschte Dag. Und wenn i für des Geld Kuttel macha däd, könnt mr sogar no die Hälft eigfriera!"

**Er: „Ach, du hasch jo recht Schätzle, aber du kennsch mi doch, für di isch mir nix zu schad!"**

*(Upps! Der Ehemann ist jetzt doch über seine soeben ausgesprochenen Worte ein kloi bissle erschrocken. Seine vollkommen überraschte Frau schmilzt deshalb wie Schoglad in der Sonne. Womit hier auch gleich eine Lanze für alle Ehemänner gebrochen wäre, die ja im Grund innadrin alle mitnonder seelaguate Kerle sind!)*

Sie: „Ohh, du bisch halt ein Liaber, so ein Liaber! Gell Liebling, von mir aus hättsch gern deine Kuttla bschtella dürfa."

*(Der Braten samt Beilage und Salat wird restlos verputzt und wenn ein Löffel parat liegen würde,*

*könnte man auch noch das letzte Tröpfchen von dieser guten Soße genießen. Also zuhause hätte man den Teller noch ausgeschleckt.)*

*Bedienung: „So, hat's Ihne gschmeckt? Isch au alles recht gwä? Ja und dr Wei? Mr hat'n doch hoffentlich drinka könna!"*

**Er: „Also wirklich wunderbar, der gmischte Brata. So'n guata hab i selta gessa! Und dann no des feine Rahmsößle drzua und au die handgschabte Schpätzla – und mein Hauswei, also erschtklassich! Kompliment!"**

*(Doch bevor Frau Nägele tiefer darüber nachdenken konnte, dass ihr Mann angeblich noch nie so gut gegessen hätte – er also zu Hause nur minderwertige Kost vorgesetzt bekommen würde, erscheinen wie angekündigt Herr und Frau Heinzelmann und werden von der Bedienung mit an den Tisch gesetzt. Nach kurzem Blick in die Speisekarte, gelüstet es die Nachbarn ebenso nach diesem wunderbaren gemischten Braten.*

*Aber zwischen der Tischgemeinschaft will, mit Ausnahme einiger knapper Floskeln, erst gar keine Unterhaltung aufkommen. Erstens, weil man immer wieder mit Steinen nach Heinzelmanns dickem Saudackel geworfen hatte, zweitens, weil man sich aufgrund einer zu hohen, aber von Herrn Nägele liebevoll gepflegten Hainbuchenhecke seit einigen Jahren schon ziemlich in der Wolle hat und drittens, weil zum Glück das Essen schon serviert wird und somit keine weitere Unterhaltung nötig erscheint.*

*Die Heinzelmanns lassen sich nicht beirren und beginnen zu essen. Doch irgendwie scheinen die ungeliebten Tischnachbarn ihnen den Genuss nicht gönnen zu wollen…)*

**Er: „Oh, mir gurgelt's im Maga rum…"**

Sie: „Jetzt merk i's au. Mir isch sogar schlecht."

**Er: „Freilein, schnell zwei Magabitter!"**

Sie: „Ja, mir au!"

**Er: „Mir isch ganz durmelich im Bauch."**

Sie: „Hoffentlich isch nix mit'm Essa gwä…"

**Er: „Mir schtoßt's scho ganz sauer uff!"**

*(Herr und Frau Heinzelmann werden ein wenig unruhig und fangen an, etwas höher zu beißen)*

Herr Heinzelmann: „Was hent Sie denn gessa?"

**Er: „Ha des gleiche wie Sie!"**

Sie: „I glaub fascht, i muass schpugga!"

*(Heinzelmanns schauen sich entsetzt an und legen das Besteck nieder)*

*Die besorgte Bedienung: „Ja was isch denn jetzt los? Hent Sie heit koin rechta Appetit?"*

Sie: „Gell, warn d'Auga mol wieder größer!"

Herr Heinzelmann: „Freilein, mir zahla!"

Bedienung: „Ja wie, Sie hent jo no fascht nix gessa! Schtimmt ebbes net?"

Herr Heinzelmann: „Alles in Ordnung, mir hent bloß grad gmerkt, dass mir gar koin Hunger mitbracht hent!"

Bedienung: „Also, wenn Sie moina? Aber gell, wundern duad's mi scho a bissle! Soll i Ihne wenigschtens dr Rescht eiwickla?"

Frau Heinzelmann: „Noi, bloß des net! Bringa se schnell d'Rechnung, dass mir geh könna!"

Bedienung: „Ähm, also guat, wie Sie welia. Des macht dann zamma mit zwei Viertela und a bissle do gwä – Momentle... 33,80."

Herr Heinzelmann: „Macha se 34,00!"

(Die Bedienung bedankt sich für den Besuch und die überreiche Zuwendung)

Frau Heinzelmann schtaucht aber vor dem Verlassen des Lokals noch ihren Mann zusammen:
„Also, dass du überhaupt noch a Drinkgeld geba hasch! I glaub du schpinnsch!"

(Kaum sind beide zur Tür hinaus, hat sich am Tisch schlagartig Appetit auf Süßes eingestellt)

Sie: „Freilein, gell, mir hent grad wieder Glischta kriagt. Könna Sie uns s'Noochtischkärtle bringa?"

**Er: „Noi, bringa se oifach zwei schöne Porziona Äpfelschtrudel mit Vanillsoß!"**

Sie: „Au ja und hinterher glei no zwei gmischte Eis mit Sahne – aber mit fünf Bobbel!"

**Er: „…und mit Eierlikör!"**

*(Beide genießen, schlemmen und schlecken und freuen sich nebenbei über den schönen, doch so harmonischen Verlauf des Abends)*

**Er: „Gell mein Schatz, so hättsch dir jetzt unsern Hochzeitsdag au net vorgschtellt?"**

Sie: „Ja mei Bärle, do hasch gwieß recht! Mit dir isch's halt immer wieder a Erlebnis!"

\* \* \*

*…viel Essen macht viel breiter*
*und hilft zum Himmel nicht –*
*es kracht die Himmelsleiter*
*kommt so ein Schwergewicht.*

*Das Trinken ist gescheiter,*
*das schmeckt schon nach Idee,*
*da braucht man keine Leiter,*
*das geht gleich in die Höh'…*

(Joseph von Eichendorff, 1788 - 1857)

# Gütertrennung

Das Pohrzelan, das wil ich dir
im gansen überlasen,
komplet sogar mit das Bestek
und auch den Sameltasen.

Den Fernsehr sollst du gern behalden
und epenso den Gril,
dazu die Bladensamlung noch,
weil ich si nicht mer wil.

Nimm auch den Sohfa und das Bet,
ich kann es nicht mer sehen,
die Stüle und das Tisch dabei,
mitsamd den Orchidäen.

Das lezte Brenholz, sei's darum,
so frirt mich's wol im Winter –
schnap dir nur einfach, was du wilst,
von mir aus auch die Kinder.

Ich hause gern, mir macht das nichts,
in kalden Breterbuden –
nur eine Sache läst du mir –
mein heißgelibtes Duden…

\*

PS: Also der Text hat jetzt au mol sei müassa, weil mei
Frau ernschthaft moint, sie sott mei ganze Schrei-
berei, aber vor allem die in Mundart, immer mit
Hilfe von diesem Duden uff Rechtschreibfehler un-
tersuacha… umeglich so ebbes!

# veroinzelt Niederschläge

*Nachbetrachtung Sommer 2018 vs. Braunsbach 2016*

Für jedes kloine Blüataknöpfle
wär so a frisches Regatröpfle
des schönschte Glück, dr reinschte Sega
und koinesfalls käm's ugelega.
Denn ohne Wasser däd's verdorra,
verschrumpla und zusammaschnorra,
weil ohne Rega, welch ein Schrecka,
müasst jedes Blüamle grad verrecka!

A sachter, feiner Regaschauer
wär sicher hilfreich, doch uff Dauer
dürft's zwischanei au gern mol riesla,
net bloß a lummeliches Niesla –
es könnt au wie aus Krüagla läbbern,
uffs Dach dürft's klatscha, trommla, schäbbern.

Die ganz Natur dürft tropfnass triefa,
plätschern, bladdern, gluggern, fließa.
S'Wasser sott aus volle Pfütza
gern ziaga bis in alle Ritza.
Was für a Wonne, wenn es schifft,
denn Trockaheit isch's helle Gift!

Wenn's schüttet wie aus volle Kanna,
wenn's Oimer füllt und ganze Wanna,
wenn's pratzelt, kübelt oder saicht
und jedem Gärtner s'Herz erweicht.
Wenn's runterkommt zur rechta Zeit,
mr juchzga könnt vor Lebensfreid.

Wer wöllt bei sotte dicke Tropfa
vor Freid net gern im Kringel hopfa?

Doch halt, bei aller Euphorie,
sott mr beim Rega jedoch nie
vergessa, dass im Uverschtand
s'grad schädlich wär für Schtadt und Land.

Wenn's gwittert, hagelt und au schtürmt,
sich's Uwetter zu Bergen türmt,
s'ganz Sach in Fluta untergeht,
koi Hälmle und koi Schtiel meh schteht,
wenn jedes Bächle rauscht und gurgelt
und ringsrum oim sei Zeigs verhurgelt.

Wenn d'Welt in Schlamm und G'röll ertrinkt,
oim Hab und Guat im Dreck versinkt,
koin Schtoi meh uff'm ondra bleibt,
sich d'Sintflut alles eiverleibt.

Bei sotte schlimme Urgewalta –
die durch koi Dämmle uffzuhalta,
isch dann der Wunsch net übertrieba:

„Oh wär's halt bei ma Tröpfle blieba!"

* * *

*„Wo aber Gefahr ist, wächst das Rettende auch!"*

(Friedrich Hölderlin, 1770 - 1843)

# guter Start

„Ha i trau jo meine Auga net! Sie lassa Ihre Kinder alloi zum Kindergarta laufa? Und des bei dem Verkehr heitzudag? Also noi, des isch jo wirklich uverantwortlich! Mit elterlicher Fürsorge hat des fei nix zum do! Also, wenn Sie net mei Nachbar wärn, no däd i's grad am Jugendamt schtecka!

Sie sotta sich an mir a Beischpiel nehma! I fahr mei Büable immer bis vor'd Tür – sicher und obadrei mit Schtandheizung vorgwärmt. Ha do könnt jo sonscht weiß net was bassiera!

Noi, do braucha Sie jetzt gar net so entgeischtert gugga, i weiß, was sich g'hört! Mein Junger soll's amol im Leba zu ebbes bringa und desweg isch mir koi Opfer zu groß! Ja, bei mir wird eba Fürsorge noch ernscht gnomma!

Es soll ja so gedankalose Eltern geba, die lassa ihre Junge sogar mit'm Fahrrädle aus'm Haus. Des mag mr sich fascht net vorschtella!

Ganz ehrlich, do hat mei Auto mit seine zwei Tonna eba scho a bissle meh Blech drumrum. Sicher isch sicher! Also, wenn's do mol a bissle boggelt, merkt mr fascht nix drvo.

Gell, Herr Nachbar, jetzt nehma se sich halt a Beischpiel an mir! Als Vadder hat mr schließlich Vorbildfunkzion!"

# Das neue, alte Ruhekissen

Liebe Leserinnen und liebe Leser! Bevor's losgeht, hier vorneweg erscht mol a ziemlich intime Frog: Wer von Ihne hat sich jetzt in letschter Zeit wieder an Schparschtrumpf ogschafft? Also koin alta löchriga Socka, sondern so'n richtich dicka wollena, wo bis übers Knie langt?

Okay, selbscht wenn mr hätt, mr däd's net zuageba! Do geht dr brave Bürger liaber uff Nummer sicher und hält sich schtrumpfmäßich bedeckt. Doch jetzt mol ganz im Ernscht. So ein schtabiler, guat gschtopfter Schtrumpf isch doch heitzudag alloi scho von dr Rendite her uschlagbar! Mr kann so viel drin unterbringa wie mr will und muass koine Schtroofzinsa drfür zahla.

Schtroofzinsa!! Ja, genau do druff hat dr fleißige Schparer, der sich für sein Lebensobend a bissle ebbes uff'd Seite glegt hat, no gwartet. Uff deim Konto gibt's Nullkommanull und wenn'd a bissle meh hasch, sollsch's dr EZB in Racha schmeißa! Minus fürs Volk! Ja wie solla do bloß unsre Kinder voller Freid am Weltschpardag ihr Schparsäule zum Bankschalter bringa? Vielleicht, weil se dann a billiges Plüschtierle mit hoimschleifa könna? Do wär's doch zehnmol gscheiter, mr däd de Junge glei a Pärle Kindersöckla mitgeba.

Aber jetzetle mol Licht in die Maschen! A dick mit Geldschei ausgepolschteter Schtrumpf, der lässt sich guat als Nackenrolle verwenda, mit dem kann mr sich d'Füaß hochlega oder mr kann'n, wenn'r net grad aus grober Schurwolle isch, sogar als Halswickel benutza. Dr hautenge Körperkontakt bringt oim so viele Vorteile, zudem kontoführungsgebührafreia Mehrwert und schlägt somit jedes Schparbüchle oder Tagesgeld um Länga!

Ein Schparschtrümpfle isch beruhigend, jederzeit verfügbar, unterliegt net de Schwankunga am Aktiamarkt und lässt sich jederzeit, falls mr a bissle Hartgeld mit neigschtopft hat, als schlagkräftige Waffe gega Bettwanza und Eibrecher verwenda. Gell und als kloines Bombole geht dir ab sofort dei geliebtes Finanzamt glatt am Knie vorbei. Ja und selbscht, wenn's mol ans Schterba geht, sorgt so a schönes Pärle Knieschtrümpf, des vielleicht früher ugschtreift in'd Altkleidersammlung gwandert wär, für große Freide. Denn, obwohl nur halblang, aber frei von Erbschaftsschteuer, macht so a liebevolle Hinterlassaschaft net bloß d'Fiaß, sondern au Herz und d'Seele warm.

Doch au scho zu Lebzeita lässt sich mit so ma feina Schtrickwarenerzeignis des Geldwäschegesetz wunderbar umgeh, also vorausgsetzt, dass mr seine Geldschei vor dr Wäsch rausdo hat.

Apropos Sicherheit: Isch es net so, dass mr sich heit schtändig Gedanka macha muass, weil sich haufaweis freche Dagdiab in Computer neihacka wella? Ja odauernd hent's doch sotte digitale Vobrecher uff deine Bankdata abgseh und wella ganz genau wissa, wo du finanzmäßich unterwegs bisch. Die probiern mit a paar uverschämte Klicks deine sauer verdiente Euro rotzfrech übers Käbele abzuschläuchla. Ja und genau an der Schtell komma jetzt deine alte Schtrümpf ins Schpiel! Do kann oiner nämlich no so lang uff seinra Taschtatur rumhacka, aber durch deine rechte und linke Mascha kommt'r nimme durch.

Guat, nebaher sottsch a bissle uffrüschta und deine vier Wänd uff dr neieschte Schtand bringa. Schtabile Türschlösser, bruchsichere Glasscheiba, vielleicht oi, zwei Schlagfalla, a paar unter Schtrom gsetzte Fenschtergriff und ganz hählinga no a kloine Selbschtschuss-, i moin Selbschtschutzolag eibaua. Mit a paar günschtige Inveschtitiona lässt sich so dei Zuhause fascht mühelos in eir hochsicheres „Fort Sox" verwandla.

Wer sich jetzt aber immer no net sicher fühlt, der braucht seinen Schparschtrumpf oifach no zusätzlich in gebrauchte lange Unterhosa neischtopfa. Mit so ma schtrichkot-gesicherta Doppelripptresor gelingt ohne Zusatzkoschta wirklich mit oifachschte Mittel dr wirksamschte Diebschtahlschutz und mr derf sich absolut schmerz- und sorgafrei uff die hohe Kante lega!

Und wenn's dann soweit isch, dass sich in sämtliche Haushalt des wiederentdeckte Schtrumpfschpara breitgmacht hat, dann wird irgendwann die EZB blöd aus dr sockafreia Wäsch gugga. Wenn die Zentralbank nämlich langsam kalte Füaß kriagt, weil ihr die bare Mittel ausgehn, no wird se sich's vielleicht mol überlega, ob se diese Milliona von Schtrümpf net mit a paar gscheite Brozent wieder unter de Neschter rauskitzla kann. Dr treudoofe Schparer isch ja au im Lauf von dene viele zinsfreie Johr scho so genügsam worda, dass'r gar nimme meh will als bloß sei Inflation auszugleicha!

Doch erscht, wenn trotz Gebühra, Schteuern, Soli-Zuaschläg und alle weitere, uverschämte Beutel-schneidereia endlich wieder a deitlichs bissle meh als wie nix übrich bleibt, erscht dann wird mit dr Sockawanderung au die Krötawanderung eisetza und sich dr ausgetrocknete Eurosumpf so langsam wieder fülla.

Ob am End alle Geldschei wieder zrückfinda, isch aber leider gar net so sicher, denn dr gemeine Bür-ger isch, also vor allem, wenn's um sei Erschpartes geht, eba scho a bissle noochtragend. Ja, dr nor-male deitsche Michel weiß halt no ganz genau, dass sei schöne Deitsche Mark heit bloß no die Hälft wert isch. Doch des mit dem Abzwacka von dr zweita Hälft lassa mir uns nimme gfalla! Noi, so oifach geht's net!!

Also, ihr dort droba in euerm schöna Frankfurter Türmle, wenn irgendwann alle Corona-Sonderregla und Virus-Purzelbäum hinter uns liega, dann saga mir euch heit scho vorsichtshalber: Uffbassa!!

\* \* \*

*„…je meh mr hat, je meh hat oin…"*

# S'große Leida!

*Die sogenannten „Jahrhundertsommer" werden uns in Zukunft wohl noch häufiger zu schaffen machen. Dazu sei hier ein sehr makabres, wenn auch zukunftsweisendes Gedicht gesetzt, welches sehr eindrücklich einen ganz speziellen Ausblick auf die Folgen der Klimaerwärmung geben könnte. Zum besseren Verständnis sei für alle Nichtschwaben noch ein kleiner Hinweis erlaubt: „Läuten" und „Leiden" wird bei uns im Land eben gleich ausgesprochen.*

\*

Bricht sich im Vollrausch oiner s'Gnick,
kommt uverhofft a Schlägle,
hängt sich mol ebber uff am Schtrick,
kommt oim sei letschtes Dägle –
no isch dr Mesner vornedro,
muass jedsmol feschte leida
und diese schlimme Neuichkeit
per Glockagläut verbreita.

So war dr Karl von Degerloch
als Mesner arg am Flitza.
Im Juli, in dr gröschta Hitz,
saut der wie ein geölter Blitz
und isch batschnass vom Schwitza.

Dr Herr Vikar und d'Bürohilf,
sogar dr Kirchapfleger,
ja alle hent se Urlaub ghett,
mitsamt'm Dodagräber.

Dr Kirchachor war uff Turnee,
s'erscht Mol in'd Normandie,
dr Organischt im Gipsverband
und s'Baggerle war hie.

Dr Dodagräber war uff Zack
und hat uff Vorrat buddelt,
net, dass womeglich hinterher
ihm oiner kommt und bruddelt.

Fünf Gräber hat'r akkurat
für alle Fälle grichtet –
mr weiß jo nie, was komma däd
und desweg wär es guat mr häb,
zwei Meter senkrecht und zwei lang,
fünf wunderschöne Löcher –
Reserve halt im Köcher.

Doch in dr Hitz herrscht Hochbetrieb,
do schtirbt sich's deutlich leichter.
Ja ruckzuck isch dr Vorrat gfüllt
und jetzetle, do breicht' mr
wohl oiner, wo dr Schpata schwingt
und oin, wo'd Glock zum Leida bringt,
no oin, dass d'Orgel kräftich klingt
und ebbern, wo vielleicht no singt.

Bloß no am Pfarrer und an ihm
isch sellchsmol alles ghanka –
sie hent bei der Granatahitz
sich könna recht bedanka.

Drzua kommt no a Hitzschlag rei
und als däd des net langa,

so hagelt bei ma Grüschtuffbau
no oiner über'd Schtanga.

So leidet d'Glock bald alle Däg –
dr Karle kriagt scho Gichter,
bei so viel arge Schicksalsschläg
und fährt bald Sonderschichter.

Oi Grab ums onder mit dr Hand –
ganz gwieß koi Zuckerschlegga,
des muass'r schaufla wie verrückt,
hätt könna selbscht verrecka.

Dr Pfarrer muass bald jeden Dag
a neie Predicht schreiba,
fünfmol die gleich, des geht halt net –
mr derf's net übertreiba.

So saut dr Karle wie net gscheit
vom Friedhof zum Altar,
denn do fehlt no dr Bluamaschmuck,
und wo isch dr Talar?
Und zwischadurch, er kriagt koi Luft,
muass'r scho wieder leida –
fürs Mesnerarbeitsschutzgesetz,
do waret's schwere Zeita.

Verschwitzt, voll Dreck und d'Hos verrissa,
d'Händ voll Schwiela, d'Schuah verschlissa,
nix Recht's zum drinka, dr Meckel verbrennt –
*„Oh Herr, lass guat sei und geb bald a End!"*

Dr Mesnerschtand isch bitt'res Brot,
a selta schweres Joch –

dr Karle pfeift nach vierzehn Däg
bald aus'm letschta Loch.

Was lernt mr draus? So'n arma Mo
isch gwieß net zu beneida,
weil's meischte eba an'm hängt –
so isch'r ploogt und überlengt
und mr derf drüber schreiba:

A Mesner muass viel leida!

\* \* \*

## Schlechtes Timing

Der Opa liegt im Sterben und beauftragt sein En-
kelkind, ihm als letzten Wunsch doch bitte ein
Stückle von dem herrlichen Hefezopf zu bringen,
der so verführerisch aus der Küche duftet. Das
Kind kommt allerdings nach kurzer Zeit mit einem
Gsälzbrot wieder zurück.

**(Opa) „Ja wo bleibt denn jetzt mein Hefezopf?"**

(Kind) *„Weisch Opa, d'Mama hat gmoint, Hefezopf
däd's koin geba. Den häb se für nach dr Beerdi-
gung backa und der däd nimme so guat ausseh,
wenn mr'n scho vorher ogschnitta hätt. Du sollsch
di halt mit ma Gsälzbrot voll nüberhelfa...*

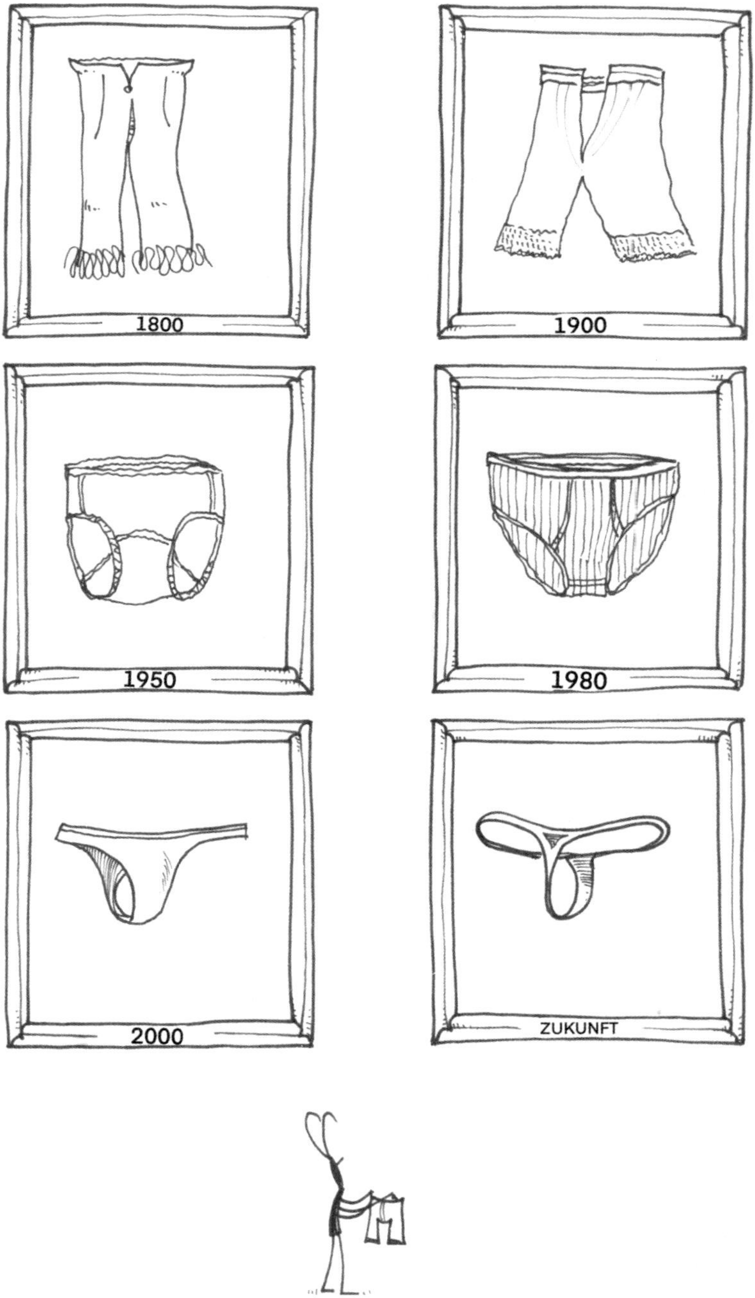

1800

1900

1950

1980

2000

ZUKUNFT

# Darknet

Dort drin, wo's so schtockdunkel isch,
so duuschter und kuahnacht,
dass mr sich nie sicher sei kann,
in welchen Scheißhaufa mr neidabbt,
weil scho hinter jedem Klick
an Halsabschneider lauert,
an Drecksgängschter, an Halbseckel
oder wenn'd Glück hasch
bloß an Scheraschleifer,
dann wär's doch längscht an dr Zeit,
dass du dir selber dr Schtecker ziagsch,
als dass sich des ganze weltweite Lumpagsocks
bei dir neischtöpselt,
dich nach Schtrich und Fada verseggelt,
dir dr letschte Cent und Bitcoin
aus dr Tasch fingert,
dich von hinta und vorne verarscht und bloß,
weil du mit offene Türa im Glashaus hocksch
und des no freiwillich drzua –
und jeden Dag alle uffs Neie eilädtsch,
dich freiwillich naggich mechsch
und dein Meckel grad no do drfür rumschleifsch,
dass'n fürs nägschte Selfie zur Hand hasch.

Also: Abschalta! Ausschalta!
Aber, wenn i recht bedenk, sott mr ruhich online
bleiba und wenn die nägscht Mail mit Anhang
kommt feschte druffdrücka!
Dr nägschte Virus kommt beschtimmt
und erledigt die Sach von alloi…

*Jetzt mol gschwind Hand uffs Gaspedal. Fahra Sie womeglich au so'n dicka Schobbing-Bolla? Also oschtändige zwei Tonna geländetauglichs Blech uff vier Räder? Vielleicht sogar mit satte 300 PS elektrisiert? Guat, solla se wega mir. No hent Sie beschtimmt au des beruhigende Gfühl, dass mr mit so ma Gschoss sicher unterwegs isch. Okay, des sott mr moina dürfa, aber vielleicht täuscht mr sich au a bissle...*

## relative Sicherheit

S'neie Auto isch's sicherschte gwä –
in sein'ra Klass.
Des war dr Teschtsieger,
mit Gurtschtraffer, sechs Ärbäggs,
ABS, ESP und Bremsassischtent,
Seitauffprallschutz, Sicherheitsfahrgaschtzelle
und no ma ganza haufa meh so
elektronischem Zeigs.
Schö hoch und mit ra subber Übersicht.
Gell, aber au sauteuer isch's gwä,
mei neis Ess-Ju-Vaule,
doch do drfür extra schtabil, extra breit,
extra schwer und mit extra viel Wumms.

Oh je, es isch ein Elend, aber mei neis Auto
hat's heit um dr Bohm rumgwickelt.
Der alte Moschtbirabohm –
ach ja, der isch no schtabiler gwä.

# Xitomatl

*(Kleiner Gruß an Willi,
der sich alloi von dene Dinger ernähra könnt)*

Was blitzt im Gärtle leuchtend rot
und lockt wie a Schoglädle?
Was zopft mr gern und schiabt's in Mund?
A leckeres Tomätle!

So saftich, gsund und obadrei
so fruchtich und erfrischend,
so nahrhaft bald wie Flaschabier,
bloß halt net ganz so zischend.

In alle Farba, alle Forma
kann mr se heit entdecka,
und mancher däd im Subbermarkt
gern heimlich drvo schlegga.

Dr Chrischtoffer Kolumbus hat's
bei de Azteka gfunda
und wie a heller Geischtesblitz
hat's ihn drbei durchzunda.

Könnt's seinerzeit im Paradies
s'Tomätle gwesa sei,
mit dem die Eva gflörtet hat
beim erschta Schtelldichei?

Mr weiß es net, doch däd mr gern
die alte Gschicht entschtauba –
des mit dem Äpfel isch beschtimmt
bloß so'n Aberglauba.

Ein Hoch uff Südamerika,
uff Kürbis und uff Paprika,
uff Bohna und Kartoffel –
gäb's die net uff'm Schpeiseplan,
no blieba mir im Schpätzleswahn
und Kulinarik-Schtoffel!

Denn ehrlich, was wär mit uns los,
gäb's heit net au Tomatasoß?
Und ohne Kätschap, des weiß jeder,
wär ab und zua a Mordsgezeter.

Denn ohne diese rote Pampe
bringt bald koi Kind meh was in'd Wampe,
müasst grad am volla Tisch verhungra
oder vor'm Schleckschublädle lungra.

*

So hinterlassa Hochkultura
bis heit no ihre tiefe Schpura!
Tomätla – bringt mr's uff dr Nenner,
sind importierte Dauerbrenner.

Und drum hat au, wer wöllt's beschtreita,
d'Globalisierung schöne Seita!

# Schwarz und fettich!

Wie bitte? Des hört sich jo gar net guat o! Unter der krassa Beschreibung könnt sich koi normale Frau ebbes Guat's zum Essa vorschtella, ohne dass's ihr womeglich glei dr Maga rumdreh däd. Doch bei de echte Männer läuft mit dr Überschrift „schwarz und fettich" augablicklich s'Wasser in dr Gosch zamma. Ja, jetzt geht's an dr Grill!

So a schöne ugezwungene Grillparty, so a herrliches „Barbecue-Event" und dann vielleicht no unter lauter Kumpels – des isch scho ebbes vom Feinschta, was mr sich als Mann wünscha derf. Im wahrschten Sinne des Wortes oifach mol d'Sau rauslassa und die dann mit triefend fette Würscht uff dr Roscht lega. Hmm, also, ob überhaupt ebbes Schön'res vorschtellbar wär? Kaum, dass mr's verwarta könnt!

Wobei mr eigentlich, wenn's ums perfekte Grilla geht, net huudla derf, sondern gnuag Zeit mitbringa sott. Also ganz nach dem Motto: „Guat Ding will Weile haba". Desweg sott mr erscht mol d'Holzkohle langsam durchglüha lassa, bis sich a feines weißes Häutle bildet hat und die Hitz nimme gar so arg isch, damit oim net glei dr ganze Bettel verbrenna däd.

Ja, so sott mr's macha, so schteht's uff dr Kohlepackung und au im großa Grillatlas. Doch dr normale Mann hat eba in dr Regel meh Hunger wie Geduld und deshalb wird, au wenn'd Flamma no ordentlich hochschlaga, dr erschte Durchgang scho mol uffglegt. Falls jetzt nur Männer und obadrei lauter guate Kumpels um dr Grill rumschtehn, no werda d'Bauchläppla au druffknallt, noch bevor überhaupt oiner a Feuerle gmacht hat. Aber des gschieht eba nur rein wega dr Ugeduld und regt bereits dr Appetit o. Zudem ergibt ein vollgebeigter Grill rein optisch an rechta Durscht und vor lauter Freid kann mr jetzt scho mol ugveschpert uff guates Gelinga oschtoßa. Wenn sich's drbei in dr durschtiga Runde um mehrere Kumpels handelt, kann mr logischerweis mehrmols oschtoßa!

Sodele, dr Grill brennt, die Bauchläppla brenna au und jetzt zeigt sich, dass a ordentlich durchwachsener Schpeck au no a paar Däg nach dr Schlachtung a ziemliches Oigaleba entwickla kann. Mr könnt sich also ohne weiteres an halba Meter über'm Grill a Pärle rote Würscht an dr Schtecka schtecka und so in kürzeschter Zeit zu Schwarzwurscht umarbeita. Des wär koi Problem und vielleicht sogar für sotte schleggiche Blitz genießbar, die im Leba nie koi Blunsa oder Bluatwurscht essa dädet. Ein rechter Schpeck entwickelt zudem so a Mordshitz, dass mr sicherheitshalber schnell a Fläschle uff Ex nunderziaga muss, weil oim sonscht neber'm Hirn au glei no dr Ranza austrockna däd.

Okay, die Bauchläpplesaktion war voreilig und au unüberlegt, des Ergebnis im Prinzip net grad des Gsündeschte, was mr sich vorschtella könnt, hat aber zur Folge, dass die Holzkohle dank abgetropftem Fett jetzt optimal durchzoga hat. Eigfleischte Kohlekumpels wissa au, dass erscht jetzt des weitere Grillguat dieses bsondre und ganz gewisse Gschmäckle hat, uff des jeder, außer de männliche Pyromana, normalerweis gern verzichta däd. Doch wenn echte Männer am Grill schtehn, no derf au dieser archaische Duft net fehla, durch den gewisse Bevölkerungsanteile sich mit ihre knüppel- und schpeerbewaffnete Vorfahra identifiziera. Im Übriga zeigt sich hier, wie leicht mr doch heitzudag diesen billiga Bauchschpeck hinterhältig um a Schtängele wickelt und dieses fette Glump, hübsch gedrillt, sogar de härteschte Kaloriazähler unterjubla kann. Warum sich des Ding dann aber Grillfackel nennt, lernt mr schnell, wenn mr's trotz besser'm Wissensschtand z'bald uffs Feuer glegt hat.

Durchgang Nummer zwei gelingt jetzt aber scho eiwandfrei, herrlich knuschprich, mit ganz wunderbare Röschtaromen und nur leicht überdunkelt. Nur leicht heißt, dass mr zur bessra Verdauung und um den hoha Kohleschterinschpiegel abzupuffern immer ausgiebich nooschschwenka muass. Die Bitterschtoffe eines zischenden Hopfenkaltgetränks sind do drzua genau des Richtige. Drbei gilt die oifache Fauschtregel, dass uff oi Schtückle Fleisch mindeschtens oi Bierle komma sott, bei ra versalzena Wurscht besser zwei. Zur Unterschtützung derf au gern uff a kloines Schnäpsle zrückgriffa werda. Unter Männern g'hört des scho immer zur normala Flüssichkeitsaufnahme drzua.

Wer zu dem Zeitpunkt bereits moint, dass mr von zwei Schweinehäls, drei Bauchläppla und a paar fette Würscht scho satt sei könnt, der hat no nie mit Kumpels grillt. Ja, jetzt geht's doch erscht richtich

los! A saftiges Schlegele, a zartes Lammbreggele, a guat abghangenes Rinderschteak (wobei alles unter ma Pfund als Carpattscho gilt) und damit's a Weile hebt, vielleicht no a halbseitiges Schpähr-Ripple drzua. Also wenn oim do net s'Herz uffgeht!

Wem bis hierher uffgfalla isch, dass es no koine Salätla, koine Gemüseschtiggs, koine Dips und onderen Gruscht zum Essa geba hat, der sott bedenka, dass es sich hier um a Grillparty unter Männern handelt. Ja, zu was braucht mr do drzua unötigen Ballascht! S'gibt doch so viel verschiedene Fleisch- und Wurschtmeglichkeita, dass für die nötige Abwechslung immer beschtens gsorgt isch. Vielleicht, wenn's ubedingt sei muass, schiabt mr zwischanei mol a Riebele Brot drzua nei – wobei mr des guate Brot au in flüssiger Form nie net außer Acht lassa sott und immer als gsunde Alternative verwenda derf. Selbscht hier lässt sich über uendliche Meglichkeita wie „hell" oder „dunkel", „mit" oder „ohne Hefe", „Bock" oder „Doppelbock" dr Gewöhnungseffekt leicht vermeida. Mr kann also, wenn mr bloß will, einra oiseitiga Ernährung recht oifach aus'm Weg geh.

In ganz seltene Fäll soll's scho vorkomma sei, dass oiner bei so ma Grillgelage a exotisches Gwürz oder gar a fleischloses Sojawürschtle net guat vertraga hat. Im Klartext heißt des also, dass oiner gschwind hinter'd Hecke muass. Doch hier setzt ganz schnell dieses erschtaunlich solidarische Verhalta ei, wenn die Männer jetzt ihren geploogta Kumpel mit lautschtarkem „Hallo!" mental kräftich unterschtütza. Ab ugfähr sieba Bier kommt an dieser Schtelle ein urzeitliches Verhalta grad wie selbschtverschtändlich nach vorne und mr klopft einem speienden Bruder voll Bewunderung anerkennend auf die Schulter.

Wie leicht a alkoholisch fortgschrittene Männergruppe zu erfreien isch, zeigt sich eba grad im souveräna Umgang mit sotte Krisensituationa. Jede normale Frau hätt hier s'gröschte Gschrei gmacht und ihr'n Freind oder Ehemann alles gheißa. Wie schnell wird oim oft von weiblicher Seite dr Vorwurf dr Sauferei unterschtellt. Doch unter echte Kumpels führt a plötzliches Uwohlsei zu allgemeiner Freide und gilt fascht als rituelle Handlung. Selbscht der Kerle, den's kübelmäßich glupft hat, kann drbei am ärgschta drüber lacha! Ja − hier hat doch die Evolution mol dr richtige Weg eigschlaga!

Mr derf au gern fürs Lehrbuach feschthalta: Bei ra gepflegta Grillerei isch nie oiner bsoffa! Erschtens wird die Balangse zwischa Fett und Promille immer guat ausgependelt und s'kann somit gar net zu Auswüchs komma und, wenn's zweitens doch mol so wär, dann regelt dr Neandertaler in uns drin, wie hier beschrieba, alles von ganz alloi. Desweg sotta sich au unsre Fraua net zu viele Gedanka drüber macha und dr Natur und genauso ihre Männer oifach freia Lauf lassa…

Zu bedenka wär allerdings die Sach mit'm Sonnaschtand. Wer scho am hella Mittag in vollschter Hitz dr Grill oschmeißt, der verbrennt sich ab und zua net bloß sei Finger, sondern gern au vollends dr Rescht. Also immer vorbeigend die guate Fuffziger-

Sonnacrem druffschmiera, denn bei wem's nach ra Schtund allseitiger Dauerbefeuerung uff dr Schtirn scho Bläsla wirft, der hat am End dr Bruzzler net bloß uff'm Teller.

Zum Schluss aber no a kloine Randbemerkung: Dr handfeschte Umgang mit rohem Fleisch weckt in uns Männern sämtliche Naturinschtinkte, die mr in gmischt gschlechtlicher Runde nie so offa rauslassa dürft. Eine zünftige Grillerei einigt und verbündet selbscht sich sonscht wildfremde Männer und lupft sie in kurzer Zeit auf die geischtige Ebene von Naturvölkern. So lernt mr sich selber besser kenna, sogar no viel besser, wie oim im nüchterna Zuaschtand womeglich recht wär, erhält aber den Zuaschpruch, die Anerkennung und den Schtellawert, der oim im Normalzuaschtand so oft versagt wird. Scho alloi desweg sott mr also regelmäßich dr Grill oschmeißa!

Gell, und net umsonscht schteha heit in jedem Baumarkt vom kloina Kugel- bis zum gröschta Monschtergrill sämtliche Luschtobjekte bereit. Also no a Grund meh, als Mann immer wieder und wenn's bloß zum Gugga wär, angefüllt mit Wünschen, Phantasien und Flaschabier, dort sei freie Zeit zu verbringa. Ja hier isch mr halt scho längscht a Schtufe weiter und weiß, nach was es uns Männer glischtet!
Ach, und wenn unsre Fraua moina, sie müassta zur Deko, wega dr Gsundheit oder wega ogebliche Bierbäuch zum nägschta Grilla a paar Salätle richta, so solla se's gern macha. Also, do kenna mir nix – des zwinga mir au no nunder!

# Gschmackssach

Dr Herbschtwind naht mit voller Wucht,
des lässt sich net vermeida
und grad als wär's a schlimme Sucht,
dehnt se scho Zwiebel schneida.

Denn Zwiebelkuacha, wirklich wohr,
isch grad wie Zuckerschlecka.
A jeder isch voll Euphorie,
bloß Reigschmeckte däd's schrecka.

Drzua zum rechta Wohlgefühl
a Krüagle neia Wei,
do schlabbert's Göschle voller Freid
und mr isch mit drbei.

Mr isst und drinkt im Uverschtand,
viel meh als wie verträglich.
Die Folga hat mr net im Blick,
obwohl se oft usäglich.

Glei in dr Nacht schpürt mancher scho
ein innerliches Rühra,
dr Wei, der schiabt, dr Kuacha drückt
und suacht nach offne Türa.

Ja selbscht im Schloof hat mr koi Ruah
und nix lässt sich verschtecka,
es bloost a scharfer Wind durchs Haus,
lupft's Bett mitsamt dr Decka.

Jetzt off'nes Feuer, geh verreck,
des wär ein arger Schada.
Mr glaubt es kaum, doch die Mixtur
isch energiegelada.

Und au no druff, am nägschta Dag,
muass leidvoll mr erfahra,
dass Zwiebla und dr neia Wei
an Wirkung nie net schpara.

Ja morgens, glei beim erschta Bissa,
moinsch d'Katz häb dir in'd Gosch neigschissa,
riachsch aus'm Hals wie'm Fuchs sei Lung
und bisch ganz belzich uff dr Zung.

Doch dieses Gschmäckle, wunderbar,
mit Gold net zu bezahla,
zeugt halt von Lebensluscht fürwahr,
verdrängt bald alle Quala.

Drum langet zua, die Zeit isch kurz
und schiabet kräftich nei.
Ein dreifach „Hoch" der Gmüatlichkeit,
dem Frohsinn und der Erntezeit,
de Zwiebla und dem Wei!

# unrund

*(Eine kleine, doch leider selbsterlittene Episode des menschlichen Unvermögens, nur um aufzuzeigen, wie wichtig es wäre, auch aus den Niederschlägen des Alltags zu lernen! Darüber hinaus die harte Erkenntnis, wie schwer es allerdings sein kann, solcherlei Erlerntes widerstandslos und mit etwas Einsicht auch anzunehmen…)*

\*

Also, mr kann so alt werda wie mr will und vielleicht mit zuanehmender Lebenserfahrung sogar a bissle gscheiter, doch sein feschta Willa und sei uwiderlegbare Moinung derf oim koiner nehma wella! Wenn mr felsafescht drvo überzeigt isch, dass mr sich nix saga lassa braucht, hat des ja rein gar nix mit Altersschtarrsinn oder mit Besserwisserei zum do, sondern isch alloi dem menschlicha Reifebrozess geschuldet. Guat, es isch vielleicht meglich, dass mr mit zuanehmendem Alter a bissle überreif werda kann, doch so ebbes bassiert nur in ganz extrem seltene Fäll. Und speziell in der nun folgenda Gschichte dürfa Sie vom ganz normala, also vollreifa Normalfall ausgeh.

Eigentlich soll hier bloß über an kloina Ausflug berichtet werda, den dr Schreiberling mit seinra Frau unternomma hat. Eigentlich nix, über des mr ebbes schreiba könnt, weil's eba in dr Regel oifach ebbes ganz Normales und Uschpektakuläres isch. Ja, bei ma kloina Tagesausflügle sott mr au net glei argwöhnisch nach Schwierichkeita und Knackpunkte suacha, weil oim ansonscht neba dr ehelicha Harmonie au die Vorfreide uff so a schönes Naturerlebnis leicht verlora geh könnt...

## Teil 1: Die Planung

Wenn a Ausflügle a bissle gelinga soll, isch es wichtich, dass mr sich vorher genau über sotte Feinheita wie Anfahrt, Schtreckaverlauf, Eikehrmeglichkeita und vielleicht no Sehenswürdichkeita schlau macht. Ja, wie viel schöne Ausflugsziele bleiba uentdeckt, wenn mr sich scho im erschta Anlauf hoffnungslos verfranst. Aber heitzudag kann mr sich per Internet und Guugel leicht informiera und somit locker uff dr sichra Seit fühla. Alles, was mr wissa muass, lässt sich finda, kann mr sich merka, braucht mr von doher net ausdrucka und derf sich also beschtens vorbereitet uff sei Ausflügle freia. Normalerweis...

## Teil 2: Die Durchführung

Als herrliches Ziel war ein Tal mit vier bis sechs Mühla ausgwählt, des au gar net so weit weg von drhoim gwä isch. Weg'm Dataschutz soll hier die genaue Anzahl von besagte Mühla, zwischa dene mr hätt rund laufa könna, au net ganz genau beschrieba werda. Mr weiß ja nie, in was mr sonscht neidabba könnt.

Weil's bloß a guate halbe Schtund zum fahra gwä isch, hab i mir weiter's koine Gedanka um die Anfahrt gmacht, was sich aber leider glei als erschter

Fehler rausgschtellt hat. Dass a kloine Bauschtell mit großer Umleitung sofort den Verluscht jeglicher Orientierung nach sich zieha kann, hat mr au net wissa könna! S'Navi hat mr drhoim liega lassa, koi Landkarte hat mr dank Navi sowieso nimme im Auto und ebbern froga duad mr heit zudem nimme, weil sonscht jeder glei von oim denka däd, dass mr sich koi Navi leischta könnt. Natürlich hat mr au s'Händy net uffglada ghett. Ein echter Deifelskreis!

Erschte Umuatsäußerunga der Frau kann mr hier no leicht mit höherer Gewalt, scheiß Bauschtella-Umleitungsdreck oder am beschta mit konsequenter Ausblendung unterdrücka. Aber irgendwann, mit scho deitlich überdehnter Zeitschpanne, mit bebbich durchgschwitztem Fahrersitz und schmerzhaftem Verluscht an Selbschtsicherheit, findet sich schließlich doch dieses heiß ersehnte Hinweisschild: „Zum Wanderparklatz X-Mühlental".

Endlich derf sich jetzt Wanderluscht, Naturerlebnis und Vorfreide auf genussvolle Rascht eifinda. Was für a schöner Dag! Liebliches Vogelgezwitscher, wunderbare Blüamla am Wegesrand und obadrei a deitlich entschpanntere Gattin. Ach, des Leba kann so schö sei!

Also geht's frohen Mutes mit ordentlichem Hungergfühl und desweg au sehr schtrammen Schrittes uff die ausgwählte Wanderschtrecke, die mr sich sicherheitshalber am Compjuter vorher zweimol genau oguggt hat. Ja, au ab sechzig isch ein menschliches Gehirn no leischtungsfähich und mr braucht deshalb net für jeden Gruscht s'teure Babier vergeuda und moina, mr müasst alles ausdruckt haba. Zudem warn's zum Ausflugslokal bloß wenige Kilometer, so dass mr sich net mit vollgschtopfte Rucksäck hat rumplooga wella.

Okay, so nach ra halba Schtund hätt mr dann doch gern in a Landjägerle oder a Leberwurschtweckle neibissa und au ohne abzusetza a Apfelsaftschorle nunderzoga, was aber sicherlich den Glischta uff ein üppiges und schmackhaftes Mittagessa a bissle gschmälert hätt. Im Zuge dr aktiv schportlicha Fettverbrennung wär so a salzichs Pärle Landjäger au net grad des Sinnvollschte gwä. Des hätt oim zusätzlich no meh Durscht gmacht, was dann a zweites Getränk und somit doppelte Koschta im Ausflugslokal mit sich bracht hätt! Desweg sott mr bei ma Ausflügle immer vorausschauend handla und allerhöchschtens a kloines Äpfele in'd Hosatasch schiaba! Oder wie dr Engländer weiß: „An Äpfel a day keeps the Ukoschta away".

Zum guata Glück war's an sellem Dag net gar so warm und mir beide hent die erschte Etappe bis zur ersehnta Nahrungsaufnahme überschtanda. Hier sott i erwähna dürfa, dass mir an einem wirklich schöna, vollkomma niederschlagsfreia Dag unterwegs gwä sind und's die ganze Däg vorher ordentlich gschifft ghett hat.

Gell und von doher isch es mir bis heit no absolut uverschtändlich, dass ein Ausflugslokal, des eigentlich bloß von Ausflugsgäscht leba kann, bei so ma schöna Wetter Ruhedag hat. Aber was soll i saga – dieses Null-Diät-Lokal war gschlossa, zuagschperrt

und verriegelt. Am Eigang isch drzua no a uverschämtes Schild ausghängt gwä, dass mr für Gruppen und nach Voranmeldung ausnahmsweis uffmacha däd. Gell, aber dumm derf mr net sei, denn nach meim Wissensschtand gilt a Versammlung ab zwei Persona bereits als Gruppe. So hab i mir erlaubt, kräftig zu schella und uns zum Mittagessa ozumelda. Ja, uff einen Versuach wird mr's doch okomma lassa dürfa! Wo dann die Wirtin unser kloine Gruppe gseh hat, hat se ziemlich große Auga gmacht. Ob mir no ganz backa wäret und so vielbeschäftigte Wirtsleit net au mol an freia Dag gönna könntet! Mein Hinweis uff Unterzucker und beginnende Dehydrierung hat se leider net gelta lassa wella. Wer sich vorher net informiera däd, sei selber schuld und soll gugga, wie'r z'recht kommt! Also ehrlich, die heimatliche Gaschtfreindschaft war an sellem Dag wirklich nimme ganz des, was se mol gwä isch.

Ohne an halba Liter frisch gezapftes Gerschtakaltgetränk und ohne, in meinra Gedankawelt scho schtundalang herrlich schmeckenda Roschtbrata bin i jetzt dogschtanda wie a nasser Pudel und hätt mi selber ins Hinterteil beißa könna! Die Sach mit dem Ruhedag hab i zwar irgendwo im Hinterkopf ghett, aber dass mr des bei so ma schöna Wetter und ausgrechnet, wenn mir zwei unterwegs sind, au so wörtlich nehma muass, wär mir eba nie in Sinn komma. Zu allem Uglück hat mi mei Frau, alloi vom deutlicha Magaknurra her, schiergar fressa wella. Ach, i hab doch au wirklich net drmit rechna könna, dass mr so sichtbar ausglaugte Kundschaft wie uns oifach uverköschtigt weiterschickt.

Obwohl jetzt au meinra Frau ihr Göschle ziemlich zammabebbt gwä sei muass, hat se mi doch mit ma heftiga Zörnlesausbruch rundgmacht. I wollt se beschwichtiga und ihr klarmacha, dass se doch ihre koschtbare Reschtfeuchtigkeit net gar so vergeuda und besser für die no ausschtehende Wegschtrecke uffschpara sott. Doch leider hat se dieser wohlgmointe Ratschlag bloß no weiter uff'd Palme, beziehungsweise Rotbuche bracht. Sie däd ab sofort koin Schritt meh, als wie ubedingt nötich laufa und die reschtliche elf Kilometer Rundwanderung könnt dabba wer wöllt. Und so hat se also druff beschtanda, dass mir dr gleiche Weg zum Wanderparkplatz wieder zrücklaufa. Obadrei hat se mir lautschtark zum verschteh geba, dass i heit Naturerlebnis, frische Waldluft und herrliches Ausflugswetter komplett ugschtreift dr Katz geba könnt.

Au mit guate zehn Meter Sicherheitsabschtand isch so a weibliche Naturignoranz schwer zum ertraga, wobei i zusätzlich net hab wissa könna, ob mir jetzt von hinta Tannazapfa oder sonschtige Wurfgeschosse ins Gnick neizünda. Sie hat in oi Loch nei bruddelt, mit dr Kernaussage, dass mr mit mir nirgends nogeh könnt, ohne dass mr in ebbes neidabba däd. Ja und in solche Situationa isch dann immer besser, wenn mr sich als Ehemann und Ausflugsversager alles schtill ohört, kaum mit Gegarede kontert und uff Rechtfertigung am beschta ganz verzichtet.

Wo mir dann endlich wieder am Auto gwä sind, war i dann doch a bissle irritiert. Mei Frau hat ganz genau gwisst, wie mir zwei jetzt am schnellschta ins beschte Lokal dr Umgebung komma. *„Du fährsch jetzt los und i sag bloß links oder rechts!"* Grad wie in dr Fahrschual, jedoch mit deitlich harscherem Ton sind mir wenige Minuta schpäter direkt vor ma Edelwirtschäftle glandet, des leider koin Ruhedag ghett hat. Ach wie gern hätt i grad an sellem Dag dr allergröschte Rucksack mit Landjäger und Leberwurschtweckla gschleift...

Gell, und es will mir bis heit no net recht nunder, ob des Ganze net a abgekartetes Schpiel gwä isch, in dem net i – do drfür aber mei Frau sich umso genauer uff die Wanderung vorbereitet ghett hat. (Wieder drhoim hab i zwar hählinga meim Verdacht noochgeh wella und in dr Verlauf von de Internetseita neigschpickelt, doch komischerweis isch do dr letschte Dag komplett glöscht gwä...).

**Teil 3: Das Resümee**

A kloines Notfallveschper isch in dr Regel nie nix Dummes. An dem trägt mr net schwer, des gibt a guates Gfühl und vor allem besänftigt so ebbes (wenn vielleicht ein guates Fläschle mit drbei isch) mit ziemlicher Sicherheit jede aufkommende Krisaschtimmung recht oifach und schnell. Eine unleidige Ehefrau und Gattin wär nach kurzer Zeit im wahrschten Sinne des Wortes abgeschtillt. Und selbscht dann, wenn dieses schöne Ausflugslokal an sellem Dag offa ghett hätt, so wär mr mit ma Viertele im Vorlauf koschtamäßich uff dr sichra Seite gwä. Und so däd oim als vorausschauend und schparsamer Schwabe so a Rundwanderung no a bissle leichter von dr Hand, äh – Füaß laufa. Doch s'Leba schpielt sich halt net uff ma Ponyhof ab und so isch dr leidtragendschte Kerle an sellem denkwürdiga Ausflugsdag, neba mir, vor allem mei armer Geldbeitel gwä. Der Dinger isch scho nach'm Hauptgericht nimme rund, sondern ziemlich flach doherkomma.

Guat, i selber bin au leicht geknickt gwä und mein Ruf als kompetenter Fährtasuacher war kräftich ramponiert. Doch was duad mr net alles für sei liebe Frau und dr wertvolle Hausfrieda.

Im Nachhinein war unsre X-Mühlatal-Rundwanderung sogar noch Ideengeber für a neies Gschichtle. Selbscht, wenn mr selber drbei als souveräner Organisator a bissle sei Fett abkriagt, isch „drüber schreiba" als solches die beschte Medizin und löst sämtliche Niederschläge scho nach a paar Seita in wertvolle Selbschterkenntnis, über die mr dann, sogar mitsamt Gattin, herzlich lacha kann.


*


Kloiner Nachtrag:
Also des hier beschriebene wunderschöne Ausflugslokal und die freindliche Wirtsleit mega mir die leicht übertriebene Berichterschtattung verzeiha. Mir hent an sellem Dag dort wirklich guat gessa und drunka! Doch ganz ohne guat gewürzte Pointe und künschtlerische Freiheit wär halt so a Rundwanderungs-Gschichtle oifach a bissle urund…

# Spielernatur

Es hofft im Fußballstadion-Kringel,
manch hochbezahlter Fuaßballschlingel,
in abgehob'ne Dimensiona
uff leicht verdiente Schtar-Milliona.

Es hofft im nahen Wettbüro
a Fußballfän, ganz lebensfroh
und zudem deitlich schportbegeischtert,
dass sein Voroi die Sache meischtert.

Isch au die Hoffnung noch so groß,
geht doch manch Schuss nach hinta los.
A jeder schteht vorm Scherbahaufa
und kann sich bloß no d'Härla raufa.

Dr oi, der hat die rote Karte,
dr onder trauert ums Erschparte –
und heftig übers Ziel geschritta,
sind beide nimme wohl gelitta.

Mr kickt im Club und von zu Haus
sie bald im hoha Boga naus –
und jedem dächtelt no im Sinn,
dr legendäre Hauptgewinn.

*

Des Leba bietet Buckelpischta,
doch Schpieler bleibet Optimischta.

# S'isch nimme so oifach!

Oh ja, mir denkt's no wie heit, wo mr für sei teures Geld au no ebbes kriagt hat. Oder wissa Sie vielleicht nimme, dass unsre harte und arg schtabile deitsche D-Mark, also von dr Kaufkraft her, domols no an echta Gegawert ghett hat? Ja, früher hat mr für richtichs Geld doch no ebbes in dr Tasch ghett, aber mit unserm lummelicha Euro isch's doch heit grad no die Hälft wert.

Also, falls Sie mei Behauptung jetzt net ganz glauba wella, dann derf i Ihne des hier oifach mol gschwind vorrechna:

Für zehn deitsche Mark hasch du ja vor zwanzich Johr wirklich deine Tascha fülla könna. Du hasch a halbes Pfund Butter ghett, zwei Liter Milch, a großes Holzofabrot, a Fläschle Trollinger, an halba Ring Schwarzwurscht, drei Täfela Schoglad, zwei Pärla Saita, a Päckle Linsa und drzua no zwei Tübla Zahnpaschta, a Flachmännle, a paar Schtreifa Kaugummi und drei Schachtel HB.

Ja und heit bringsch du doch für fünf Euro kaum meh ebbes mit hoim. Dieses neie Geld hat alles bloß teuer gmacht und in koim Gschäft derfsch du heit no ugschtört eikaufa. Alles hat sich verändert und die Art des Eikaufs, so wie mr's früher gwöhnt gwä isch, isch vorbei und deine Tascha bleiba leer! Scheiß Überwachungskameras!

# ufassbares Glück

Dr ganz Dag jammern, in oi Loch nei:
*„Oh je, wie geht mir's gar so schlecht!*
*Von Haus aus bin i nimme zfrieda,*
*nix basst und gar nix isch meh recht!"*

In allem suach i nach'm Schlechta,
i gugg genau, wo's hebt und klemmt.
I bin dr oinzigscht Selbschtgerechte,
der bloß die fremde Fehler kennt.

Schöne Sacha, schöne Schtunda
geha ugschtreift bald vorbei –
beschränkte Sicht bringt mir allmählich
scho Düschternis ins Leba nei.

Seh i no die Sonne schtrahla,
hör i no dr Vogelsang?
Erkenn i no die kloine Wunder,
verschpür i noch den Freiheitsdrang?

Hoffentlich bleibt mir a bissle
Lebensfreid und Lebensluscht,
denn sonscht hab i womeglich selber
über mi dr gröschte Fruscht.

Ab morga hör i uff mit Bruddla,
ab morga bin i gern bereit,
ab morga, also ziemlich sicher –

drbei wär's heit scho an dr Zeit…

# S'Kreuz mit dem Kreuzle!

So, jetzt war's mol wieder soweit. Mir Bürger hent die Ehre und Pflicht ghett, unsre edle Volksvertreter wähla zu dürfa. Und mr hätt koin Wahrsager sei müassa, um zu wissa, wie diese Wahl ausgeh wird. Denn wie jedsmol, wenn mr brav zur Urne schreita derf, gibt's hinterher beim Wahlergebnis ringsrum nur schtrahlende Sieger und lachende Gsichter. Ganz egal wie's ausgeht! Jeder will Gewinner sei – und wenn er's net isch, no lässt'r sich's uff koin Fall omerka. Im Gegateil! Denn grad dr Wahlverlierer reißt jetzt d'Gosch am weiteschta uff, als ob'r no mittadrin im Wahlkampf wär. S'gibt englische Liadla, do singt mr: *„We are the champions"* oder au *„The winner takes it all"*, was so viel heißt wie: *„Mir sind scho immer die gröschte Käpsela gwä!"*. Dass des dann au für die gröschte Knaller und Rohrkrepierer gelta soll, wird von manche aber bloß für a reines Gerücht ghalta, denn grad wie uff dr Titanic werda bis zum Untergang noch lautschtark alle Regischter zoga. So bleibt mr wenigschtens im Gedächtnis!

Dahinter schteckt der menschliche Ehrgeiz, dass halt jeder viel liaber a hochpotente politische Allzweckwaffe wär, als wie bloß a dumpfer Allerweltsdackel. Des Versager-Immitsch isch eba no nie koi Aushängeschild gwä und desweg hockt sich am Wahlabend sogar a deutlich abgschlagener Ämtlesbewerber a dermaßa übertriebenes Grinsa ins Gsicht, als ob mr'm d'Mundwinkel nach hinta bebbt hätt. Den Eidruck, den mr hinterlässt, wenn'd Fernsehkameras uff oin grichtet sind, isch uff jeden Fall wichtiger als wie's Wahlergebnis. An dem lässt sich jetzt eh nix meh ändern, aber der Schein, den mr über sich selber in'd Welt setzt, sott eba ein überzeugend positver sei. Mr will sich im Nachschlag also nomol als großer Macher präsentiera, der alles Umegliche meglich gmacht hätt, wenn mr'n bloß macha glasst hätt und schlüpft drbei ganz gekonnt in die Opferrolle, weil mr ja bloß wega böse, ulautere und ufaire Machaschafta net zum Zug komma isch!

Gell, es isch doch so: Däd mr net am Wahlabend in lauter verzwunga fröhliche Gsichter gugga, däd mr sich net uff wunderbar bösartige Wortgefechte freua, no däd doch koi Mensch dr Kaschta überhaupt erscht eischalta wella. Wenn dann oiner in dr Elefantarunde au no d'Fassung verliert und a paar ordentliche Tiefschläg austeilt oder oiner gar von dr reina Körperschprooch her die ondre am Tisch schier fressa könnt – ja dann isch dr Obend grettet, dann schmeckt oim sei Fläschle nomol so guat. So macht Demokratie Schpaß, so derf mr sich ogugga und ohöra wie wunderbar mir's doch in unserm Schtaat hent und wer alles Schuld dro hat. Jetzt komma Wahrheita uff dr Tisch, die sich guat für a neies Kapitel in Grimms Märchen eigna könnta. So falsch und verloga, dass oim vor lauter uffschtehender Gosch gar net bewusst wird, dass mr scho s'dritte Päckle Erdnüss nundergschlunga hat. Herrlich, do bleibt mr gern freiwillich bis zwölfe vor dr Glotze hocka!
Gell und so hart es au klingt, a deutlich unterlegener Kandidat, der jetzt a bissle Schwäche zeiga

däd, der wär bei dr Wählerschaft für alle Zeita untadurch. Und so wird mit sämtliche Mittel drgega kämpft – ohne Rücksicht uff Nachsicht, drfür mit Absicht und Kurzsicht aber ohne Aussicht uff Einsicht! Ja selbscht beim Nahagla über dr Fünf-Brozent-Schtolperdrooht schtrahlt mr über alle vier Backa. Dr letschte Luuser mutiert jetzt sichtbar zum muskelüberschpannta Gorilla, ohne zu merka, dass der Aff in ihm drin zwar bloß oi Drittel Hirrmasse, do drfür aber zwei Drittel uffbumpta Hohlraum zur Schau schtellt. Rein psychologisch gseh also oifach kaum zu toppa!

Im bierdunscht-umwaberten Nebel der heimischen Couchgarnitur blickt mr uff leuchtende Gewinner und schtrahlende Helda. Im Grund zwar pure Verarschung, aber halt genau des Schauschpiel, uff des mr sich als politisch sonscht ziemlich desintressierter Durchschnittswähler scho wochalang gfreit hat! Wer will, derf sich drbei selber a dicke Scheib von dieser heroischa Haltung abschneida und uff oin Schlag däd die elende Bruddlerei im Land wieder neia Schwung kriaga! Koi Ohnung, doch do drfür umso lauter! So motiviert könnt mr oin sogar in a Gülleloch neischmeißa, aus dem mr dann, wie aus ma Jungbrunna, herrlich erfrischt wieder auftaucha däd.
Also, was kann mr als Oberbruddler und Sofa-Weltverbessrer draus lerna? Dene Niederlaga in dr Politik immer nur des Beschte abgewinna! Wenn von der Erkenntnis am End fürs echte Leba a bissle ebbes hängableibt, dann hent unsre Volksvertreter das edle Ziel erreicht! Wenigschtens bis zur nägschta Wahl…

# Erschreckend!
*(Vorsicht Satire!)*

Also normalerweis sott mr sich net so oifach aus seinra gwohnta Bahn schugga lassa dürfa. Aber onnaweg isch mir's innwändich so uguat, so komisch und im wahrschten Sinne des Wortes so befremdlich.

Do komma jetzt Hunderttausende oder no meh Leit zu uns. Lauter Leit, wo mr net kennt und no nie gseh hat. Die meischte drvo sind gflüchtet aus Länder, wo mir sonscht höchschtens vom Urlaub her kenna.
Ja, was isch do bloß los? Was wella die denn alle jetzt do bei uns? Mir schperra unser Göschle uff und macha große Auga, mir hent jede Menge Froga und kriaga koine gscheite Antworta. Dr Bürger wird mit all seine Ängschte, Sorga und Nöte so ziemlich alloi glassa, in dr vaga Hoffnung, dass er's scho irgendwie schaffa wird.
Dass irgendebber nach de Ursacha für so a Entwicklung forscha und sich drbei selber an'd Nas langa däd, des bleibt drbei eher die Ausnahme. Net oiner gibt zua, dass scho lang ebbes schief gloffa isch und mr scho längscht ebbes hätt drgega unternehma solla. Mr hat sich liaber über viele Johr sauber wegduckt und von Hintergründ und megliche oigene Fehler nie nix wissa wella. Dr Vogel Schtrauß isch uns zum lieba Haustier gworda.

Bloß dr oifache, ganz normale aber uff koin Fall unterbelichtete Bürger verschteht's halt net. Die ach so hohe Politik isch oim oifach a bissle z'hoch oder sie kommt oim unterirdisch vor. Dr kloine Mann kommt nimme mit und i glaub fascht, de Große isch's grad recht so oder sie hent's selber net begriffa. Will mr sich über die aktuelle Lage informiera, liest in dr Zeitung oder zappt in politische Sendunga rum, no übertrumpfa sich dort obergscheite Phrasa-Dreschmaschina und Worthülsa-Vollernter um d'Wette und mr isch grad so schlau wie vorher. An dr wahre Kern traut sich sowieso koiner, denn dann müasst mr zuageba, dass mr in de reicha Länder a bissle ebbes am Lebenswandel ändern sott – und an so ebbes derf mr no net mol denka! Gell und sotte Auslöser, sotte Fluchtursacha gibt's meh wie gnuag und die werda au net weniger, sondern immer meh – und die, dies betrifft, hent nix zum Verliera! Gell, und um diese Misere aufzulösa, hilft dann am End nur noch boggelhartes Ausblenda und Abwenda, sonscht däd mr ja nachts koi Ruah meh finda.

Bei aller Diskussion und bei allem Schtreit kann's aber vorkomma, dass mr selber doch mit'm oina oder ondra von dene fremde Leit a kloi bissle in Kontakt kommt. Umittelbare Tuchfühlung mit ma Fremda! Guat, des kommt eher selta vor, denn wie schnell könnt mr drbei feschtschtella, dass vielleicht oiner unter der Million grad so fühlt und denkt wie mr selber. Wie mr selber!!

Ach du liabe Zeit! Also jetzt mol Hand uffs Herz – so oin, aus ma fremda Land, aus ra fremda Kultur, der oim womeglich fascht bis uffs i-Tüpfele gleicht – ha so oin, ganz ehrlich, so oin hätt mr doch im Leba net reiglassa…

# Des Laubbläsers Ende

Er surrt, er braust, er bläst, er saust,
er wirbelt alles in die Luft
und weckt die Toten in der Gruft.

Er weckt und schreckt, er nervt und neckt,
vertreibt die Stille laut und schrill,
wo ich doch nur die Ruhe will.

Er brummt und röhrt, er surrt und stört,
er reizt bis tief hinein ins Blut
und schürt die innerliche Wut.

Er schreit, er grillt, er kreischt, er brüllt,
verhindert die Gewöhnung
dank ungebremster Dröhnung.

So geht es nun seit Tagen schon,
doch bald bekommt er seinen Lohn!
Ich werd' ihn prügeln fürchterlich,
zerschlagen und mit einem Stich
sein Bläserherz durchbohren.
Ich fühle mich ganz rabiat,
bin insgeheim zu dieser Tat
schon lange auserkoren.

Da liegt er nun in Stücken klein –
ein Anblick voller Wonne.
Ich aber kehre jetzt mein Laub,
so wie gewohnt und ohne Staub
und mittels Besen – mit Verlaub
ganz leise in die Tonne!

# günschtige Lebenshaltung

oder

# Blöd derf mr net sei!

*(Zwei ältere Damen unterhalten sich...)*

„Ha Lina, ja sag amol, dass i di heit beim Eikaufa treff, des isch mir jo scho lang nimme bassiert. Ja bisch du vielleicht krank gwä?"

*„Ach woher! Aber weisch Berta, i leb halt arg genügsam und du weisch jo selber, dass mr mit so ra kloina Rente koine große Höpfer meh macha kann."*

„Do hasch gwieß recht, mir geht's jo genauso. Aber du hasch ja heit fascht gar nix in deim Wägele drin. Isch dir jetzt vollends dr Appetit veranga oder was isch los?"

*„Mein Appetit isch guat, an dem fehlt's net! Aber weisch, i brauch heit eba bloß des Nötigschte, grad mei Zahnbebbe und die neie ‚Frau im Schpiegel'."*

„Ja und was kochsch dr dann? Von ma Tüble Kukkident wirsch doch net satt!"

*„Weisch Berta, am letschta Samschdag isch doch a Hochzeit gwä und des hat mir bis heit durchghoba."*

„Ja scho, i hab's im Blättle glesa. Oine von de Flei-
schers Mädla mit oim von Degerloch. Aber dass du
desweg nix meh eikaufa muasch, do komm i jetzt
net ganz mit."

*„Ha denk doch mol nooch. Bei der Hochzeit,
gell, do hat's doch an wirklich schöna Schteh-
empfang geba – mit allem drum und dro."*

„Ja warsch du do mit drbei? Also wenn i recht weiß,
dann ghörsch du doch gar net zur Verwandtschaft!
Oder isch mir do ebbes entganga?"

*„Ja, do muass mr doch net verwandt sei! Do
muasch du bloß lesa könna! Weisch, wenn's
ebbes umsonscht gibt, no brauch i koi Eiladung
– kennsch mi doch!"*

„Oh Lina, i kenn di guat, wenn's ebbes gibt, bisch
du vorna mit drbei."

*„Ha natürlich, sonscht kommt mr ja zu nix!"*

„So, jetzt verzähl mir mol, was hat's denn bei dem
Schtehempfang alles geba?"

*„Jede Menge – Salzichs und Süaß, ganze Berge
voller Zeigs und zum Drinka, was mr gwellt hat.
Also beim beschta Willa, so viel hätt mr au mit
Gwalt net zwinga könna!"*

„Oh, des isch aber schad, wenn's noch hat und nix
meh in oin neibassa will. Gell?"

*„Ja scho, aber i hab halt guat vorgsorgt und mei große Tasch mitgnomma ghett."*

„Womeglich dei ganz Große, i moin die mit de Rädla unta dro?"

*„Genau die! Weisch, so guat bin i ja au nimme zu Fuaß und schwere Tascha kann i scho lang nimme lupfa."*

„Ha sag bloß, du hasch von dene Sacha uff dem Schtehempfang au no ebbes eigschoba. Ha des kannsch doch net bringa!"

*„Ja und wieso net? Wenn's so viel hat, derf mr net „noi" saga und mr derf au nix verkomma lassa! Des wär wirklich a Schand. Also des Opfer nehm i scho gern uff mi. Bei mir gibt's koi Lebensmittelverschwendung!"*

„Also Lina, i bin entsetzt! Du schtopfsch dir für umsonscht d'Backa und d'Tasch voll. Ha du bisch vielleicht ein abgschlagenes Mensch!"

*„Guat, i hab mir natürlich nix omerka lassa und die allermeischte Sächla hählinga eigschoba, sonscht wär's jo au übertrieba gwä. Gell und mei altes Henkelkännle hab i mir au abgfüllt – Rieslingsekt halbtrocka hat's geba. Ha Berta, so ebbes Guat's, des kannsch guat am nägschta Dag no drinka."*

„I glaub, i schpinn! Und koiner von de Gäscht hat ebbes zu dir gsa?"

„Ja Berta, weisch, bei so ma Fescht isch eba von beide Seita d'Verwandtschaft drbei und die meischte kenna sich halt net persönlich. Do fällt so ebber wie i gar net uff, weil jeder moint, mr däd zu dr ondra Seit ghöra."

„Gell Lina, dumm bisch du no nie gwä."

„So sieht's aus! Ja, ois muasch wissa, wenn's giltet, no gilt's! Und des Johr läuft's wirklich guat. Oi Hochzeit um die onder, jede Woch. Meh kann mr wirklich net schpara!"

„Also, i weiß gar nimme, was i saga soll."

„Guat Berta, no überlegsch dr's halt bis zum nägschta Mol, weil mir bressiert's jetzt."

„Wieso? Muasch scho wieder weiter?"

„Ja hasch du net im Blättle glesa, dass heit am halber zwei a Beerdigung isch?"

„Was? Wer isch denn gschtorba?"

„Ach Berta, hasch du jetzt nix drzuaglernt? Es isch doch vollkomma egal, wer jetzt gschtorba isch. Hauptsach isch doch, dass's hinterher an gscheita Leichaschmaus gibt..."

# leicht geschtichelt

Also, jetzt muass i doch mol Farbe bekenna – und zwar desweg, weil i gar koine hab. Noi, i moin jetzt net, dass i wie dr Frankenschtein leichablass rumlaufa däd, sondern i will drmit saga, dass sich uff meinra Haut koine solche bunte, schmerzhaft neigschtupfte Bildla finda lassa. Net hinta, net vorne, net im Gsicht, net uff'm Meckel und erscht recht net untarum! Noi, bei mir isch nach wie vor echte, uverfälschte und tättuufreie Zone!

Aber leider wird mr mit so ra ablehnenda Eischtellung au schnell zum Sonderling. Ja wenn scho über die Hälft von dr Bevölkerung mit herrliche, künschtlerisch wertvolle Tättuus unterwegs isch (manche drvo an sotte Schtella, die mr sich no net mol bei Nacht ogugga wellt), wird mr ohne dauerhafte Körperbemalung zum langweiliga Ausnahmefall.

Die oigene farblose Persönlichkeit mittels Tinte in höhere Sphären zu lupfa, sich mit tolle Ornamente, Schriftzeicha, mystische Fabelwesa oder oifach bloß lächerlichem Zeigs optisch uffzubumba, voller Schtolz dann sei Tuschezeichnung öffentlich zur Schau zu schtella und sich drbei fühla wie dr Oberguru aus Papua-Neuguinea. Ja, des hat scho was für sich! Guat, vor a paar tausend Johr hat so'n Körperschmuck bei de Naturvölker vielleicht au no ebbes gholfa. Domols hat a drufftätowiertes ‚Subbermännle' no echte Panik auslösa könna. Wenn dann no dr ‚Darth Vader' oder dr ‚Gozilla' drzuakomma isch, hat so a feindliche Kriegerschar alloi vom Oblick her scho bibbert und uff dr Flucht sämtliche Lendaschürz verschissa.

Aber isch's net im Grund a bissle paradox, wenn mr durch gezielte Schtich in'd Haut gleichzeitich aus drselba fahra will? Oder werda oim bei dr schmerzhafta Schtupferei nebaher au glei a paar Nädela ins Kloihirn trieba? Ach, mr weiß es halt net genau und desweg geha eba so viele heit uff Nummer sicher und lassa sich ebbes schtupfa. Egal was!

Falls oiner des fabrizierte Kunschtwerk und die drmit verbundene Quala lebend überschtanda hat, so bumbt sich dann hinterher so a hühnerbrüschtichs Bürschle mit seinra neia Heldafigur uff wie a Maiakäfer uff Brautschau. Drbei bleibt aber, alloi von de Naturgesetze her, a schmichtelicher Jüngling trotz ma furchteinflößenda ‚Popeye'-Tättuu oifach bloß a viertels- bis halbschtarker Möchtegern-Matscho! Doch sich selber kann mr wenigschtens zeiga, aus was für ma harta Holzbreggele mr gschnitzt isch!

Wobei Holz an der Schtell von dr Symbolkraft her gar koin so schlechter Vergleich wär. Ein Holz wird mit dr Zeit morsch, es altert, kriagt Riss und ghört normalerweis ab und zua frisch gschtricha, damit's länger hebt. Bloß hab i no nie ebbern sei abgebleichtes Tättuu schtreicha seh. Ohne frische Farb und Schpachtelmasse morschelt eba au dr schönschte Körper so langsam vor sich no.

Zum Beischpiel, wenn sich oiner in junge Johr vielleicht a großes Segelschiffle mit Meer und allem drumrum uff sein Oberkörper hat neischtecha lassa

und dann im hoha Alter schtaunend zuagugga derf, wie sei Schiffle langsam in immer größre Wella untergeht. Oder wenn oiner seine verflossene Freindinna wie a lange Ahnengalerie uff seine Ärm zur Schau schtellt, dass jeder sieht, was für a ehrliche Haut er isch.

Von doher wär der Hinweis net fehl am Platz, dass eba jedes Tättuu a gewisses Oigaleba besitzt, von dem oim leider in dr Bilderschtecherei vorher koi Mensch ebbes verzählt hat. Ja net jeder bleibt im Lauf des Lebens so schtraff und schlank, dass jedes Bildle au mit siebzich no an seim Platz wär. Guat, die alte Gschicht von dene Arschgweih, die mit dr Zeit a bissle uff Wanderschaft gehn, isch ja mittlerweil bekannt und die meischte Mädla sind heit so gscheit und lassa sich an sotte Problemzona kois meh schtupfa. Meischtens unterliegt halt dr menschliche Körper dr Erdanziehung und so hänga eba ganz allmählich au die schönschte Dracha ihre Flügel nunder. Ja selbscht, wenn mr drgega hält, no quillt oim doch mitsamt seim gschpannta Ranza au des seinerzeit im Vollrausch gschtupfte Intim-Tättuu a bissle arg uverschämt über dr Hosabund naus. Es bleibt eba nix wie's war!

Okay, manchsmol war's au scho von vornerei nix, wenn zum Beischpiel dr selbschternannte Tättuu-Künschtler sich vor dr Tat zu viel Mut ogsoffa ghett hat oder sich in dr Rechtschreibung net ganz sicher war. Dann hasch du dir vielleicht nur a ganz harmloses Schprüchle uff chinesisch ans Halseck pieksa lassa wella und sie hent dich in Shanghai scho an dr Flughafakontroll eikäschtelt. Wobei mr sich au hierzulande mit dr Motivwahl net allzu sicher sei derf, denn au bei uns isch lang net alles erlaubt. Also besser vorher mit'm Alkohol a bissle langsam do und guat überlega, net dass womeglich hinterher des schöne Beamta- oder Politiker-Laufbähnle uff oimol in dr Graba fährt.

Ach, im Grund bin i ganz froh, dass i mir bisher die Schtupferei verkniffa hab. Ja, wer weiß, was mir sonscht im jugendlicha Leichtsinn alles unter'd Haut komma wär. Doch jetzt, heb mi fescht, jetzt kommt scho wieder dr nägschte Trend ums Eck: Die sogenannte „Tinten-Freie-Körper-Kultur", wo oim also nirgends meh koi Tättuu gschtupft wird und jeder so rumlaufa derf, grad wie'n dr liebe Gott gschaffa hat. Praktisch a vollkomma neies FKK-Erlebnis. Aber des lass i fei bleiba – Trend hin oder her!
I bin seither net naggich rumgsaut und gell, ganz ehrlich, ab sechzich muass mr au nimme jeden Scheiß mitgmacht haba...

\* \* \*

**Noch ein kleiner Gesundheitstipp:**

Nehmen Sie sich einfach die Zeit und lesen Sie jeden Tag in einem guten Buch! Bereits eine Seite enthält den Tagesbedarf an A/B/C/D und E sowie zusätzlich noch eine Reihe weiterer lebenswichtiger Buchstaben...

# Oifache schwäbische Küche

Kochen ist reine Schwerstarbeit – das meint man zumindest, wenn man heute für seine Lieben in der Küche steht. Zwar wird diese Arbeit durch viele technische Helfer wesentlich erleichtert, aber immer noch als etwas sehr Mühsames empfunden.

Welcher Aufwand jedoch früher damit verbunden war, lässt sich heute kaum mehr nachvollziehen. Damals ließ man sich nicht einfach beim Metzger oder Fleischer das magere Filet zurechtschneiden oder konnte schnell nach einer passenden Dose greifen. Nein, in früheren Zeiten legte man noch hemmungslos selbst Hand an, denn ganz so oifach wie heit isch's domols halt net gwä...

Friederike Luise Löffler schrieb um das Jahr 1791 als „oberste Köchin für die Abgeordneten des Herzogtums Württemberg" eines der damals großen Kochbücher der schwäbischen Küche unter dem wuchtigen Titel:

> „Neues Kochbuch oder geprüfte Anweisung zur schmackhaften Zubereitung der Speisen, des Backwerks, der Confekturen, des Gefrorenen und Eingemachten"

Wie heftig es früher in den Küchen, vielleicht auch nur in den großen und herrschaftlichen Häusern zugegangen sein kann, soll hier in einem kleinen Auszug aus der 19. Auflage von 1897 berichtet werden:

## Farcierter wilder Schweinskopf

Der Kopf eines Wildschweins wird samt dem Halse dicht an den Schultern abgeschnitten und ausgebeint; hierzu stellt man den Kopf aufrecht, durchschneidet mit einem scharfen Messer in der Mitte des untern Kiefers die Haut ganz und löst sie nun behutsam los, zuerst am untern Kiefer, dann am Rüssel und so nach und nach vom ganzen Schädel. Sie wird über die Tafel ausgebreitet, das dicke Fleisch abgeschnitten und da hineingelegt, wo nur Haut ist und stark mit Pfeffer und Salz bestreut. Nun macht man eine Fülle von 1½ Kilo Wildschweinfleisch vom Schlegel und 250 g fettem, geräuchertem Speck, mengt das nötige Gewürzsalz und ½ Kilo in kleine Würfel geschnittene Trüffeln darunter und bestreicht den Kopf fingerdick damit, nachdem zuvor die Augen und die Öffnungen am Rüssel zugenäht worden sind. Hierauf schneidet man 250 g Gänseleber, ebenso viel geräucherte und gekochte Ochsenzunge, Schinken, Wildschweinspeck, 5 gesottene Kalbsbrieslein und 250 g schöne schwarze Trüffeln in daumendicke Stücke, bestreut das Ganze mit Gewürzsalz und legt die Hälfte der Ordnung nach in den Kopf, bestreicht ihn wieder mit Fülle und fährt so fort, bis der Kopf dicht angefüllt ist. Der Kopf wird nun zugenäht und oben, wo er abgeschnitten ist, mit einer fetten Speckschwarte zusammengezogen; dann wird er in ein reines Tuch eingeschlagen, überall mit Bindfaden fest überbunden, so dass er seine natürliche Form behält und in ein seiner Größe angemessenes Geschirr gelegt. Dazu kommen eine Handvoll ganzer Pfeffer, halb so viel Gewürznelken und Wacholderbeeren, das nötige Salz, 2 gelbe Rüben, 2 Sellerieköpfe, 2 Petersilienwurzeln und 2 Zitronen, alles in Scheiben geschnitten, 10 Kalbsfüße, 3 Flaschen roten Wein, 2 Flaschen Essig und so viel Wasser, dass die Brühe über den Kopf geht, und nun kocht man ihn sehr langsam 8-10 Stunden. Wenn der Kopf weich ist, wird er in seinem Sude zurückgestellt, nach einigen Stunden, wenn er kalt ist, herausgelegt, mit dünnen Holzstäbchen von der Länge des Kopfes belegt, fest mit Bindfaden überbunden und in ein passendes Geschirr gelegt. Die Brühe wird durch ein Haarsieb gegossen, abgefettet und mit Eiweiß geklärt. Eine Serviette wird an die vier Füße eines umgekehrten Stuhls gebunden, die Brühe langsam darauf gegossen und die hell abgelaufene Sulz über den Kopf geschüttet und dieser bis zum Gebrauch an einem kalten Orte aufbewahrt. Will man ihn servieren, so wird der

*Bindfaden abgenommen, der Kopf mit lauwarmem Wasser abgewaschen, abgetrocknet, am Halse die Speckschwarte mit einem scharfen Messer glatt abgeschnitten, dass die Fülle sichtbar wird, der Kopf auf eine Platte gelegt und mit Salz, Zitronen und frischen Lorbeerblättern schön verziert. Eine kalte italienische Sauce wird dazu gegeben.*

\*

Sollte Sie bis hierher die Kraft verlassen haben, so darf am Ende doch noch ein kleiner Gedanke über die bekannte Volksweisheit „Die Liebe geht durch den Magen" angefügt werden:

Nun, diese Lebensweisheit hat jeder von uns schon einmal gehört. Dieses Grundprinzip ist also landläufig bekannt und es wird demzufolge sicherlich auch so sein.
Aber sollte man nicht auch die Frage stellen dürfen, wo denn die Liebe bleibt, wenn sie erst einmal durch den Magen gegangen ist…?

…es bleibt spannend…

# Wenn dr Hund net gschissa hätt...

Ja liebe Leserin und lieber Leser, für Nichtschwaben hört sich unsre Mundart oftmals scho a kloi bissle derb an. Doch im Gegasatz zu hochdeitscher Schönschwätzerei versucht mr hierzulande immer mit meglichscht wenig Aufwand, also mit meglichscht geringer Wortverschwendung, des Wichtige ugeschminkt uff dr Punkt zu bringa. Mit klarer, oft au sehr bildhafter Schprache weiß jeder Landsmann und jede Landsfrau sofort, was gmoint isch und muass net händeringend nach tiefrem Sinn oder verschteckter Bedeitung suacha. Gradraus und voll auf die Zwölf – so isch bei uns die Regel, so wird's verschtanda!

Sodele und desweg wella mir grad nomol uff diesen Hund komma, dem a ondres Gschäft wichtiger gwä isch und der im wahrschten Sinn des Wortes falsche Prioritäta gsetzt hat. Wobei, des mit dieser Wahl von dem, was eba genau im entscheidenda Augablick wichtiger gwä wär, die Moinunga schtark ausanonder geh könna. Es soll natürlich Gschäfte geba, die dringender und zwingender sind, als dass mr se arg lang uffschiaba könnt. Aber genau uff des richtige Timing, also uff einen guat überlegta Zeitablauf kommt's letschtendlich druff o. Die falsche Entscheidung und scho flüchtet jedes au no so verlockende Ziel in unerreichbare Ferne. Der Wunsch, a heimisches Nagetier eizufanga, geht also schnell in'd Hos, beziehungsweise ins Gras und „der Hase liegt im Pfeffer". Genau wie hier beschrieba hat dieses altbekannte Schprichwort scho vor viele hundert Johr erkannt, dass oim unter Druck schnell ebbes drneba geh kann.

Ja vielleicht hätt's dieser Hund au a bissle verheba könna und vielleicht hätt er dann den Karnickel erwischt. Mr weiß es net. Wer von uns kann sich au in des Innaleba von so ma Tierle neiversetza. Mr kann höchschtens von sich uff ondre schließa und muass dann doch dem verzweifelta Wuffel recht geba. Ja wer kann denn wissa, wie lang der scho dem Has hinterher gschprunga isch und wie lang'r sich's scho verklemmt hat?

Wobei, also rein schtatischtisch, die Anzahl der erbeuteten Hasen ohne die eiglegte Fangpause beschtimmt größer wär. Bloß kennt sich eba au dr gscheiteschte Dackel net in höherer Mathematik aus und von doher wird's ihm eba wurscht-, also in dem Fall scheißegal gwä sei. Mr weiß au net, wie viele Hasa im Lauf dr Zeit durch so'n banala Hundeschiss grettet worda sind und ob dieser Umschtand echte Auswirkunga uff die Hasapopulation hat. Aber weil unsre bedrängte heimische Feldhasa längscht zur gefährdeta Art ghöra, wär's doch wünschenswert, dass mr sein Hund net frei rumsaua lässt – und wenn, dass'r dann wenigschtens an ordentlicha Dünnpfiff hat und sich somit alledritt setza muass.

Also, liebe Leserin und lieber Leser, wenn mr bloß will, kann mr sich (gedanklich!) in jede Materie vertiefa und immer wieder neie, erschtaunliche und fascht uglaubliche Erkenntnisse gewinna…

# Es ist alles nur geliehen…

*(Ein altes, aber hochaktuelles Lied)*

S'bleibt uns alles bloß a Weile,
nix bleibt ewich uff dr Welt –
mir dürfa's uns nur bissle borga
bis glei druff in Schtaub zerfällt.

Es isch alles nur gelieha,
jeder kloine Augablick,
kannsch mit Gwalt net s'Gringschte heba
und gibsch alles wieder z'rück.

Ach, was duad mr häufa, scheffla,
tausend Sächla, Guat und Geld –
Bescheidaheit isch oim zu wenich,
bloß no Fülle isch's, was zählt.

Alles will mr heut besitza,
kriagsch was net, duad dir's scho weh,
zfrieda sei isch nimme meglich –
wer viel hat will immer meh.

Jeder moint, er häb zu wenich,
rafft und schtopft und find koi End.
Wer bloß schafft vergisst zu leba
und geht doch mit leere Händ.

Jeder hat sei Lebensschpanne,
und dr Zeiger saut im Nu –
lass net ohne Sinn verschtreicha,
alles muasch du net erreicha,
sonscht findsch innadrin koi Ruh.

Dein so hart erkämpfter Reichtum
hat im Grund dich arg beschwert,
denn alle Güter dieser Erde
hent halt z'letschta gar koin Wert.

Koiner kann dir sicher saga,
was dr nägschte Dag dir bringt,
ob mr dich voll Freid bejubelt
oder schmählich nunderzwingt.

Bleib offa für die kloine Wunder,
so zahlreich unter'm Himmelszelt –
bedenke Mensch, trotz aller Mühe,
es isch alles bloß gelieha,
hier uff Gottes schöner Welt!

*

*…in Erinnerung an und sehr frei nach
Heinz Schenk, 1924 – 2014.
Ein, wenn auch Hesse, so doch ganz Großer!*


\* \* \*


# Zeitenwandel

*„…d'Leit saga, dass 50 heit des neie 40 wär und
70 des neie 50. Also, i weiß bloß, dass, je älter
i werd, obends am zehne für mi jetzt des
neie Mitternacht isch…"*

# Oh Tannenbaum!!

Dürre Zweigla, krummer Gipfel,
scho ganz schütter an de Zipfel,
schiaf und schepps, mit kahle Schtella –
hat mr so a Behmle wella?
Kerzagrad und anschprechbar,
bleibt a Wunschtraum offabar,
denn es isch in der Natur, oft eigawillich die Figur.

Doch es hilft als Dopingmittel
a hochprozent'ges Gegamittel.
Ja mr sauft sich jede Krücke
mit paar ordentliche Schlücke
wie gemalt, ganz wunderbar
wird jeder Besa schnell zum Schtar.
Glas um Gläsle immer schöner,
lobt'n in de höchschte Töner
und lupft, au wenn dr Oblick graust,
den Bohm zum Schmuckschtück für des Haus.

Dieser Brauch, wer will's beschtreita,
schtammt aus ziemlich alte Zeita,
wo mr no bei Nacht und Nebel
fortgeschlicha mit dem Säbel
sich a Behmle uerlaubt
aus'm naha Wald geklaut.
Doch mr hält an Tradizion
eisern fescht, denn immer schon
gab so'n Baumverschönrungs-Schluck,
dem Urteil einen feschta Ruck.
Und so wird, mr derf es hoffa,
a **jeder** Bohm noch schöngesoffa!

# weihnachtlicher Brotaufstrich

Wer kann sich noch dro erinnra, wie mr als Kind des Weihnachtsfescht erlebt hat? Isch drbei vielleicht a bsondres Ereignis oder ebbes Ugwöhnliches im Gedächtnis hänga blieba?

Isch dr Bohm umghagelt, hat'r nach a paar Däg scho koine Noodla meh ghett? Isch dr Mama ihre schönschte Kugel zu Bruch ganga oder hat mr mit'm Kerzawachs dr Tebbich versaut? Hat ebber wega ma ganz kloina Gschenkle ganz große Träna blärrt oder vor lauter Uffregung ganz hippelich s'auswendich glernte Weihnachtsgedicht nimme hersaga könna? Hat oiner vielleicht vom guata Essa a bissle z'viel verwischt und mit ma Magabitter uff dr Sofa liega müassa?

Also wenn i lang gnuag drüber noochdenk, däd mir ganz beschtimmt no des oine oder ondre eifalla. S'Weihnachtsfescht isch jo au wirklich ebbes vom Schönschta gwä, des i als kloines Kind hab erleba dürfa. I hab zwar net alles verschtanda, aber dass des Chrischtkindle gebora worda isch und mr des feiert, war mir scho klar. Doch vor allem, i will ehrlich sei, war des mit de Gschenkla lange Zeit des Wichtigschte. Dr eigentliche Grund für des Fescht hab i eba erscht langsam begriffa.

Die Geburt vom Jesus zu feiern und die schöne Weihnachtsliadla laut und meglichscht treffgenau mitzusinga, des hat mi aber au als kloines Kind scho ziemlich beeidruckt. Voller Freid hab i zuaghorcht und dann aber schpäteschtens beim Refrain lautschtark eigsetzt.

Doch do isch oi Liad gwä, also wenn i do mitgsunga hab, no hent sich meine Eltern immer arg herlacha müassa und a Weile hab i gar net gwisst, warum des denn so luschtig gwä isch. Also, wenn unterm Bohm so Sächla wie Parfüm, Seife, Körperlotion und Schönheitstübla liega, no könnt doch au ois von de Weihnachtslieder drvo singa. Und so hab i wirklich laut und voller Überzeugung von mir geba:

„…Glo-o-o-o-o-oh – o-o-o-o-oh – o-o-o-o-o-ohria, in dem Gsälz isch Deo…"

Guat, i selber hätt jetzt dieses komische Gsälz net essa mega, aber irgendoim hat's scho schmecka müassa, sonscht hätt mr sich jo koi Liadle drüber ausdenkt. So hat mr mich a ganze Zeit lang zur Beluschtigung mei schpezielle Version schmettern lassa, bis i selber druffkomma bin, dass dieses Weihnachtsgsälz a ganz ondre Bedeitung hat.

Also, falls es zufällich ebber net wissa sott, hier gern zum Schluss no die Übersetzung:

…in excelsis deo – Ehre sei Gott in der Höhe…

…und des mit oder ohne Deo!

# kloines Nachwort

Was? Das Buch ist schon zu Ende? Und vielleicht konnten Sie sich zwischen den Zeilen wiederfinden und auch das eine oder andere Mal ein Schmunzeln nicht verkneifen? Ja? Des däd uns arg freia!

Seit über 20 Jahren Buch um Buch zu schreiben, dabei immer wieder neue Geschichten, Gedichte und Szenen zu Papier zu bringen und humorvoll, hintersinnig und auch tiefsinnig umzusetzen – eine lange Wegstrecke. Dabei ein erkennbares Fingerspitzengefühl für die Befindlichkeiten der schwäbischen Spezies zu bewahren – das war, ist und bleibt Anspruch und Herausforderung zugleich.

Doch Lachen ist gesund und Humor auch sicherlich nicht die schlechteste Medizin! Ja, diese alte Weisheit galt früher, hat aber ganz besonders in diesen außergewöhnlichen Zeiten ihre Gültigkeit.

So wünschen wir uns, dass wir mit unseren kleinen Geschichten und Gedankensplittern aktuell, wie auch über diesen langen Zeitraum hinweg, Ihnen allen – unseren Leserinnen und Lesern, aber ganz besonders unseren Schwaben, ein bissle Spaß und Lebensfreude schenken konnten.

Bis bald in einem unserer Bücher – wir freuen uns auf Sie!

*Ihre Sonja & Wilfried Albeck*

# Bisher erschienen:

| | |
|---|---|
| dr Schwobaseckel  Band 1 | ISBN 3-9806999-1-9 |
| dr Schwobaseckel  Band 2 | ISBN 3-9806999-0-0 |
| dr Schwobaseckel  Band 3 | ISBN 3-9806999-2-7 |
| Rotzböbbela | ISBN 3-9806999-3-5 |
| Saitawürschtla | ISBN 3-9806999-4-3 |
| Betthupferla | ISBN 3-9806999-5-1 |
| Gedanka-Breggela | ISBN 3-9806999-6-X |
| auf dr Sau naus! | ISBN 3-9806999-7-8 |
| Schwäbische Sketch-Parade | ISBN 3-9806999-8-6 |
| no nix Narret's! | ISBN 3-9806999-9-4 |
| kloine Wunder – Bildband | ISBN 978-3-9811-4950-0 |
| kleine Wunder – Bildband hochdeutsche Ausgabe | ISBN 978-3-9811-4951-7 |
| boggelhart und windelweich | ISBN 978-3-9811-4952-4 |
| guat gmoint und saudumm gloffa | ISBN 978-3-9811-4953-1 |
| Der große ‚Schwobaseckel' | ISBN 978-3-9811-4954-8 |
| Schwäbische Volltreffer Hörbuch-CD | ISBN 978-3-9811-4955-5 |
| i glaub, s'geht los! | ISBN 978-3-9811-4956-2 |

| | |
|---|---|
| **wenn scho blöd –**<br>**dann gscheit!** | ISBN 978-3-9811-4957-9 |
| **weil du mei Liabschtes bisch!**<br>Bild-/Geschenkband | ISBN 978-3-9811-4958-6 |
| **von Halbdackel**<br>**und andere Viecher** | ISBN 978-3-9811-4959-3 |
| **des derf doch net wohr sei!** | ISBN 978-3-9815-9630-4 |
| **Hauptsach, s'hebt voll naus** | ISBN 978-3-9815-9631-1 |
| **Die extradicke Saitenwurscht** | ISBN 978-3-9815-9632-8 |
| **des wär doch net nötich gwä!** | ISBN 978-3-9815-9633-5 |
| **und der Seele wachsen**<br>**Flügel**<br>Besinnungsbuch – hochdeutsch | ISBN 978-3-9815-9634-2 |
| **wenn's bloß so oifach wär!** | ISBN 978-3-9815-9635-9 |

Weitere Titel in Vorbereitung...

Zu erhalten im Handel oder direkt auf
www.saitenwurscht.de